Nadjeschda heißt Hoffnung

Nadjeschda heißt Hoffnung

Russische Glaubenszeugen
dieses Jahrhunderts

*Herausgegeben von
Tatjana Goritschewa*

Aus dem Russischen übersetzt
und mit einem Nachwort versehen
von Lorenzo Amberg

Herder

Freiburg · Basel · Wien

Auswahl aus der russischen Originalausgabe „Naděžda"
world © Possev-Verlag, V. Gorachek KG 1979, Frankfurt a. M.

Dritte Auflage

Umschlagmotiv:
Detail der Ikone „Die vierzig Märtyrer", Mitte des 12. Jh., Mestia

Alle Rechte vorbehalten – Printed in Germany
© für diese Ausgabe: Verlag Herder Freiburg im Breisgau 1987
Herstellung: Freiburger Graphische Betriebe 1990
ISBN 3-451-21020-7

Inhalt

Nadjeschda – Hoffnung des Glaubens 7
Vorwort von Tatjana Goritschewa

Armut der verlassenen Erde 21
Bericht eines anonymen Moskauer Autors

„Wer sein Leben verliert, wird es finden!" 31
Bischof Seraphim (Swesdinskij) von Dmitrow

„Ihr werdet sehen mit den Augen des Herzens" . . . 54
Briefe eines unbekannten Priesters aus dem Exil an
die geistlichen Kinder

„Werdet selber Heiligtum und lebendige Ikone!" . . . 75
Bischof German (Rjaschenzew), Briefe an Wera und
Natalija W.

„Alles liegt in Gottes Hand" 100
Briefe des Priesters Anatolij Schurakowskij und
Erinnerungen an ihn

Sich von der Ewigkeit durchdringen lassen 130
Aus den Predigten von Archimandrit Tawrion

Nachwort 135
von Lorenzo Amberg

Nadjeschda – Hoffnung des Glaubens

Vorwort von Tatjana Goritschewa

Soja Krachmalnikowa, die Herausgeberin von „Nadjeschda", schreibt in einem ihrer Romane, in Rußland seien „vor den Augen und zur Erbauung der ganzen Welt alle drei Versuchungen des Teufels diskreditiert worden: Es gibt weder das Wunder, noch sind die Steine zu Brot geworden – das Brot kann im Gegenteil ganz verschwinden –, und auch die Macht über die Seelen gibt es nicht (nur die Macht über die Mägen). Der mystische, schicksalhafte Sinn dieser Niederlage wird heute der Welt offenbar, ebenso wie der Sinn der Freiheit, sich von Gott loszusagen. Erkennt die Wahrheit, und die Wahrheit wird euch frei machen, sagt der Herr. Der erste atheistische Staat der Weltgeschichte hat der Welt klargemacht, daß Atheismus Sklaverei ist."

Es gibt mehrere Wege, diesen Staat nicht zu akzeptieren. Denjenigen von politischem Protest und Widerstand lehnen Soja Krachmalnikowa und ihre Freunde ab. „Ein echter Ritter, ein wagemutiger Mensch. Beinahe könnte man ihn kraft seines Widerstandes gegen Lüge und Vergewaltigung der menschlichen Persönlichkeit zu den besten Menschen des heutigen Rußland zählen, wäre er nicht mit jener zeitgenössischen Krankheit (dem Unglauben, T. G.) geschlagen, die seine Begabungen einschränkt und seinen Geist in Fesseln legt." So beurteilt Soja Krachmalnikowa den Dissidenten, dem Ablehnung leichter fällt als Bejahung. Ablehnung zerstört die Welt nur, heute aber braucht man Material für den Bau einer neuen Welt.

Soja Krachmalnikowa selbst ist eine Erbauerin. Sie und ihr Mann, der Schriftsteller Felix Swetow, verließen als neu zur Orthodoxie Gekommene das Milieu der säkularisierten, offiziellen Kultur, in welchem sie ihr ganzes Leben verbracht hatten. Dort besaßen sie alles: Geld, Ehren, Publikationsmöglichkeit und einen Kreis von intelligenten, leidenschaftlichen und gebildeten Freunden, kurz seelischen und materiellen Komfort. Doch Soja Krachmalnikowa konnte Christin nicht nur zur Hälfte sein. Das Licht der Wahrheit, die sich ihr offenbart hatte, erfüllte sie so sehr, daß sie fortan nichts anderes mehr tun konnte als der Wahrheit dienen. Ihre dichterischen, philosophischen und publizistischen Talente wird Soja fortan hundertfach Gott zurückgeben.

In Rußland hat die Literatur schon immer eine besondere Rolle gespielt – das Buch war ein Lehrer des Lebens. Heute, in Sowjetrußland, wo jedermann lesen und schreiben lernt, ist das Buch bisweilen der einzige Tröster und Gesprächspartner. Lesen heißt dem unerträglichen Grau des Lebens, der Angst und der Erstarrung entfliehen. Soja Krachmalnikowa hat mehrere religiöse Romane verfaßt, in denen der Geist Gogols und Dostojewskijs weiterlebt. Nur haben sich die Prophezeiungen dieser Dichter des 19. Jahrhunderts heute im Alltag erfüllt, und durch den Schrei Ijobs und den Abstieg zur Hölle vollzieht sich der Aufstieg zum Himmel. In der asketischen Sowjetzeit ist es leichter, am Rande zu leben, leichter auch, den Teufel und Gott zu erkennen.

Bekannt geworden ist Soja Krachmalnikowa durch ihr „Lieblingskind" Nadjeschda. Sie sammelt die Texte nicht nur, sondern stellt sie zusammen und kommentiert sie. Sie schreibt sie auch selber ab, um niemand anderen der Gefahr der Verhaftung auszusetzen. Diese Gefahr besteht ständig, wie auch diejenige der Papierknappheit oder der Hausdurchsuchung. Die maschinengeschriebenen Textsammlungen werden in Moskau erstellt, in den Westen geschmuggelt, in Frankfurt gedruckt und – wiederum auf verschlungenen, illegalen Pfaden – in großer Auflage nach Rußland zurückgesandt*. Soja schreibt dazu in einem ihrer

* Es liegen bereits 14 solcher „Nadjeschda"-Sammelbände vor, von denen manche mehrere hundert Seiten umfassen.

Briefe in den Westen: „Texte und Zeugnisse über Christus, über das Leben in der Kirche und über die *Realität* dieses Lebens sind in apologetischer Hinsicht bedeutend wertvoller, wenn sie in gedruckter Form vorliegen. Denn die Herausgabe bedeutet für den Leser, daß der Text außer vom Autor noch von jemand anderem „anerkannt" und als wertvoll erachtet wird. Die Publikation allein ist schon eine Predigt. Ich weiß denn zum Beispiel auch, wem ich einen gedruckten und wem ich einen maschinengeschriebenen ‚Nadjeschda'-Band in die Hände geben muß."

Soja hat sich, wie gesagt, nie als politische Dissidentin betrachtet, da ihr dieser Weg nicht „durchsichtig" genug erschien. So finden sich denn in „Nadjeschda" auch in den Berichten über die heutigen Märtyrer nie politische Alternativen und Deklarationen. Die Texte sind „reines Wasser", das den geistlichen Durst eines jeden zu löschen vermag, selbst jenes KGB-Offiziers, der bei Soja Krachmalnikowa die letzte Hausdurchsuchung leitete. Als er in Papieren wühlte, hielt er plötzlich inne, begann zu lesen und sagte schließlich: „Wenn meine Kinder das lesen könnten! Warum haben sie keinen Zugang zu solcher Literatur?" Der Offizier hatte, ohne es zu wissen, in einem Band von „Nadjeschda" gelesen, derentwegen er Soja verhaften mußte ... Vor Gericht beendete sie, die längst bereit war, das Kreuz auf sich zu nehmen, ihr Schlußwort mit dem Satz: „Ich danke Gott für alles." Sie wurde für fünf Jahre in die Verbannung geschickt und lebte bis Juli 1987 in einem abgelegenen Dorf in der Gegend von Barnaul.

Das zweite Jahrtausend neigt seinem Ende zu, Rußland aber feiert im Jahre 1988 das tausendjährige Jubiläum seiner Taufe. Ende und Anfang gehen ineinander über und werden von den tiefgründigen und paradoxen Gesetzen der Eschatologie eingeholt. Und in unserem 20., apokalyptischen Jahrhundert wird die Grenze zwischen Himmel und Erde gleichsam verwischt, das sie Verbindende wird spürbarer und die gegenseitige Abhängigkeit offenkundig. Berdjajew schrieb vom „neuen Mittelalter". Humanismus und Aufklärungsphilosophie haben längst ausgedient, und heute sucht das freie europäische Bewußtsein nicht länger einen Sündenbock. Im Grunde gibt es in Europa keine Klassen mehr; die Armen sind durchaus reich und die Reichen verstört. Es gibt auch keine Rassenkriterien mehr, wurden doch in Kambodscha nicht Juden, sondern Kambodschaner massenweise ermordet. In Rußland brachten Russen Menschen ihres eigenen Volkes um. Ja, wer würde es überhaupt noch wagen, offen mit rassistischen Reden aufzutreten? Mit unserem so aufgeklärten Bewußtsein? Warum denn aber die beiden Weltkriege, die Gulags und die Genozide, wie sie die ganze Menschheitsgeschichte noch nie sah? Warum ist etwas, das früher so ungeheuerlich schien, daß es nur in Form von literarischen Symbolen ausgedrückt werden konnte, heute prosaische, alltägliche Wirklichkeit geworden? „Die ewige Kälte der Hölle" hat sich in die durchaus reale Eiswüste der Kolyma und der Tundra verwandelt, in der Millionen von Menschen zugrunde gingen. Der liturgische Gesang von den drei Jünglingen im Feuerofen (vgl. Dan Kap. 3) ist ins Leben eingegangen, in den Lageralltag, dessen Flammen Erniedrigungen und Zoten sind. Und nicht selten werden die heutigen Glaubenszeugen an gottesdienstliche Gebete, an die Worte der Asketen und der heiligen Kirchenväter erinnert, da gerade im Lager die Aktualität der alten christlichen Tradition wiederentdeckt wird: „Weißt Du noch, wie wir zu dritt am Tage der vierzig Märtyrer das Sticheron (den Hymnus) und die Worte des heiligen Basilius des Großen lasen? ,Grimmig der Winter, doch süß das Paradeis; quälend der Frost, doch selig die Ewigkeit'" („Nadjeschda", Nr. 10, Priester Anatolij Schurakowskij).

Der säkularisierte, gottferne Humanismus ist nicht wieder aufzuerwecken, und doch steht der Mensch im Zentrum, ist er doch als Mikrokosmos der Schnittpunkt aller kosmischen Kräfte und Strömungen. Der Mensch ist zudem stärker als alle Systeme und als alle beliebigen äußeren

Umstände. Man braucht nur die Lagerliteratur zu lesen: Überall, bei Solschenizyn, Panin oder Schifrin finden wir Beschreibungen von Menschen, die auf wunderbare Weise in scheinbar hoffnungslosen Situationen gerettet werden. So überlebte Dimitrij Panin, der Autor der „Aufzeichnungen Sologdins", dank einem Wunder – dem Gebet – eine vierzigtägige verzehrende Krankheit.

Solche Heilungen und Rettungen hat es schon früher gegeben, zu allen Zeiten und bei allen Völkern, doch unser Jahrhundert setzt neue Wertmaßstäbe. Was noch im 19. Jahrhundert als Erfahrung von Einzelmenschen galt – man denke etwa an die *persönlichen* Erfahrungen der Helden Dostojewskijs –, ist in Rußland unterdessen zur Norm geworden. Raskolnikow, die Karamasows, Marmeladow oder Fürst Myschkin sind weder durch soziale noch politische Kriterien bestimmbar. Ihre Freiheit ist beständig und unbegrenzt – sie kommt von innen und gleichzeitig von oben, von Gott. Die horizontale Verflechtung ist – trotz ihrer ganzen Bedeutung bei Dostojewskij – stets zweitrangig. Unter den sowjetischen, unfreiwillig asketischen Bedingungen nun wird die Horizontale zur Vertikalen, und die Ausnahme zur Regel. In der Tat: vergleichen wir die Sowjetunion mit dem Westen, sehen wir den Menschen hier, in der „freien" Welt, vor einer unendlichen Anzahl von Möglichkeiten. Theoretisch stehen ihm alle offen, doch gerade deshalb entflieht er ihnen. Wer von einer Unzahl von Informationen überflutet wird, vermag seine eigene, die einzig echte Melodie nicht wahrzunehmen und auszuwählen. Die „Qual der Wahl" lähmt den Menschen existentiell. In der Sowjetunion ist es umgekehrt: es gibt keine Möglichkeiten. Beinahe alle sind verbaut, sogar zum Träumen verboten, weshalb denn auch das Hoffen auf Wunder groß ist. Und wo man ein Wunder erwartet, trifft es ein. „Nadjeschda" vermittelt uns trefflich diese Atmosphäre des Wunders, des kindlichen Vertrauens des Volkes, von dem die russische Kirche durchdrungen ist. Soja Krachmalnikowa und wir alle, Neophyten der orthodoxen Kirche, lernen von unserem wenig gebildeten, aber im Herzen weisen Kirchenvolk.

Dem heutigen Rußland sind besondere Prüfungen auferlegt, es erfährt aber auch Stärkung, ist es ihm doch gegeben, die Gegenwart des Heiligen Geistes erfahrungsmäßig, konkret und in ihrem ganzen Umfang zu spüren. Das zeigen beispielsweise die zahlreichen Bekehrungen, das zeigt das Leben der russischen Klöster so gut wie die ungebrochene Tradition des Starzentums, der geistlichen Führung durch den Beichtvater. Die Kirche ist eine lebendige, pulsierende Realität. In den Textsammlungen von „Nadjeschda" ist nirgends eine kalte oder abweisende Haltung der Kirche gegenüber zu finden.

Die Bände von „Nadjeschda" beginnen jeweils mit den Rubriken „Überlieferung" und „Kirchenväter"; der restliche Teil ist den Erfahrungen unserer Zeit gewidmet, nämlich den „Fragen des orthodoxen Priestertums", den „Russischen Schicksalen", den „Glaubenszeugen des 20. Jahrhunderts" und den Problemen der zeitgenössischen orthodoxen Kultur. Dabei besteht zwischen den beiden Teilen – Überlieferung und Gegenwart – keinesfalls ein Abgrund oder ein Gegensatz. Die Überlieferung, die Tradition der Kirchenväter, ist nicht irgendein trockener, obligatorischer Vorspann jedes neuen Werkes. Nein, den ersten und den zweiten Teil verbinden derselbe Geist, der Geist des Gehorsams und des Wagemuts. Diese organische Verbindung von Überlieferung und Gegenwart führt einmal mehr eine alte Wahrheit vor Augen: In der Kirche gibt es die Fortschrittsdialektik von alt und neu und von traditionell und revolutionär nicht. An dieser zerstörerischen Dialektik leidet ein entwurzeltes westliches Aufklärungsdenken; in der Kirche jedoch ist die Tradition nicht etwas, das überwunden werden muß, nein, sie eröffnet sich uns in einer unablässigen Offenbarung.

Überlieferung und Gegenwart sind die Ikonen der kirchlichen Erfahrung. Auf der Ikone gibt es keine Schatten – das

Licht stammt aus einer unsichtbaren, überirdischen Quelle und verbreitet sich sanft über die ganze Fläche des Bildes. Sogar die Hölle ist auf der Ikone von Licht erfüllt: Um eine Ikone zu malen, braucht es keine „verneinend"-schwarzen Striche und Flächen. So auch das Leben des Christen, der von Kraft zu Kraft schreitet, von Licht zu Licht, von Fülle zu Fülle, und der nach Möglichkeit ohne die „Negation der Negation" auszukommen sucht, ohne das Pendel Liebe–Haß, Langeweile–Zerstreuung. Einzig die Liebe, die alle bejahenden und auch die verklärten negativen Energien in sich beschließt, „höret nimmer auf" (1 Kor 13,8).

Eine „gewöhnliche" Zeichnung entsteht, indem dunkle Linien auf einem weißen Blatt gezogen werden – das ist Abgrenzung, Determinierung. Anders das Malen einer Ikone, wo man vom umgekehrten Prinzip ausgeht, also einen dunklen Hintergrund aufhellt und durch Lichtflecken artikuliert. So bildet sich aus dem Chaos der Kosmos, und „ein Abgrund ruft einen andern Abgrund herbei" (Ps 42,8). Der Abgrund der Finsternis verwandelt sich in ein Meer von Licht. Die parallelen Linien der Tradition und der Gegenwart treffen sich in der Unendlichkeit, im Punkt der Liebe.

„Ihr Kloster ist Rußland", schrieb Gogol einst einem Freund. Wie ist das zu verstehen? In der Orthodoxie hat nie ein unüberbrückbarer Graben zwischen dem Mönchtum (der „geistlichen Aristokratie") und den Gläubigen bestanden: die einen wie die anderen sind dazu aufgerufen, keine geistlichen Kompromisse einzugehen, und ohne Selbstrechtfertigung und ohne Selbstmitleid hat jeder Christ sein Kreuz auf sich zu nehmen und durch die „enge Pforte" zu schreiten.

„Das Himmelreich leidet Gewalt, und die Gewalt tun, reißen es an sich" (Mt 11,12). Daher die große Aufmerksamkeit, die der Askese, dem Gebet und dem Fasten geschenkt wird. Askese brauchen nicht nur die Mönche. Das Gebet erhält die Welt, die nicht nur von Tränen, sondern auch vom Logos und den Energien des Taborlichtes umspült wird. Die Kirchenväter sagten: Die Vögel fliegen, die

Fische schwimmen, der Mensch aber betet. Der betende Mensch, der „homo orans", ist ursprünglicher als der homo faber und der homo sapiens.

In der Kirchengeschichte läßt sich ein Gleichgewicht zwischen den Verfolgungen und der zahlenmäßigen Größe des Mönchtums beobachten. In den dreißiger Jahren, als sämtliche Klöster geschlossen und die Mönche meist erschossen oder nach Sibirien verschickt waren, glich das Märtyrertum den Mangel an Mönchen aus. Heute, wo die Verfolgungen weniger grausam sind, kommen die wenigen offenen Klöster wieder zu geistigen Kräften und werden erneut zum spirituellen Zentrum Rußlands.

Die Natur dieses Gleichgewichts läßt sich leicht erklären: Jeder echte Mönch ist ein Märtyrer, ein Zeuge, er stirbt und steht jeden Tag neu auf. Er führt einen geistlichen Kampf, der unerbittlicher ist als jeder beliebige Kampf in der Welt draußen. Das ist nicht nur Zeugnis gegenüber den Verfolgern, sondern auch ein mystischer, geistiger Zustand. „Gib dein Blut, empfange den Geist", schrieben die Christen des Seminars von Alexander Ogorodnikow in der Samisdat-Zeitschrift „Die Gemeinde". Sie waren keine Mönche, wurden aber trotzdem zu Glaubenszeugen, zu Märtyrern der Gefängnisse. In der Sowjetunion müssen viele Christen auch außerhalb der Gefängnisse täglich für ihren Glauben kämpfen – man kann sie Märtyrer des Lebens nennen.

Schlecht ist es um eine Kirche bestellt, in der es weder Märtyrer noch echte Mönche gibt – sie ist zum Sterben verurteilt.

Der Maximalismus des Evangeliums durchdringt sämtliche in „Nadjeschda" gesammelten Zeugnisse. Er beginnt schon bei der Erfahrung der Liturgie.

Die orthodoxe Liturgie ist die tägliche, stündliche Aktualisierung des Heilsgeschehens, ein reales Mit-Sterben mit Gott und ein Mit-Auferstehen mit ihm, eine Gottwerdung. Es ist eine Liturgie, die sich nie auf eine „Versammlung der Gläubigen" reduziert hat, wo im besten Falle die Heilige

Schrift gelesen wird – und nicht selten auch Fremdes, Tagespolitisches.

Daß das göttliche Drama mit der Erschaffung der Welt, der Vertreibung aus dem Paradies, dem Weinen am Flusse Babylon, der Himmelfahrt, der Einführung in den Tempel und vielen anderen Ereignissen so ernst genommen wird, als geschehe es dir nur dieses eine Mal, macht die Liturgie zum Quell und zur Heiligung unseres ganzen Lebens. Die festtägliche Theophanie der Worte, der Gesten und der Bilder fließt zu einem Ritual zusammen, welches die Schwerpunkte des Lebens – Geburt, Tod, Arbeit, Essen usf. – heiligt. Auch die weniger wichtigen Augenblicke unseres Lebens werden von der Ernsthaftigkeit der Liturgie geheiligt, so daß sie aus ihrer Nebensächlichkeit herausgehoben werden und jeder Mensch zum Adam wird, der die Dinge neu benennt.

Die Liturgie ist die Einheit des Ethischen mit dem Ästhetischen, eine Einheit, die durch die unmittelbare Erscheinung der Heiligkeit entsteht. Die Heiligkeit gibt sich selbst bis in jede Regung zu erkennen – um zu begreifen, daß man im Angesicht des Heiligen steht, braucht es keinen Vermittler: „Es gibt im Heiligen einen Anblick der Strenge, der Unbesiegbarkeit und Unverletzlichkeit und einen Anblick der Milde, der Befreiung und Barmherzigkeit, eine Weise der Bezauberung, die reglos macht, und eine Weise der Anziehung, die befreiend wirkt" (F. Schuon, „Der Sinn für das Heilige", in: Bannkreis des Heiligen, Herderbücherei-Initiative 67, 1986). Neben dem Blick des Heiligen gibt es auch die Musik des Heiligen oder besser – analog zur „Momenthaftigkeit" des Blicks – das Rufen oder den „Aufschrei" der Heiligkeit. Den Ausdruck verwenden die Kirchenväter für den liturgischen Gesang, so der hl. Gregor vom Sinai: „Der Gesang in Stimmen ist ein Hinweis auf den Aufschrei des Geistes im Innern." In der asketischen Praxis bestehen genaue Bestimmungen darüber, wie die Bewegungen des Herzens mit den Bewegungen der Stimme zu verbinden sind. Ein rechtes Leben ist schon Gesang.

„Gott gebietet, daß dein Leben ein Psalm sei, der nicht aus irdischen Tönen besteht, sondern von oben, aus himmlischer Höhe, seinen reinen und deutlichen Klang erhält" (hl. Gregor von Nyssa). Und wenn die Ikone mit gutem Grund eine Theologie in Farben genannt wird, kann der Kirchengesang analog dazu als Theologie in Tönen bezeichnet werden.

Die ganze Liturgie ist ein Blick und ein „Aufschrei des Geistes im Innern". Deshalb ist in ihr die Zeit auf so ganz besondere Art und so vollständig ausgefüllt und der Raum durch die Persönlichkeit und die Ungleichgültigkeit bestimmt. Deshalb auch kann uns die liturgische Erfahrung die heutige Tendenz zu überwinden helfen, von der Max Picard so treffend schreibt: „Es gibt keinen Raum mehr in dieser Welt, an jeder Stelle ist alles möglich, überall ist man zugleich, man kann immer auf derselben Stelle bleiben und ist doch zugleich auf der Flucht: Der Raum ist überall ausgefüllt mit den gleichen Möglichkeiten, er ist aufgehoben" („Die Flucht vor Gott", E. Rentsch-Verlag, Erlenbach/Schweiz 1980, S. 24). Einem „Tourismus", der überall sein will und nirgends ist, stellt die Orthodoxie das Gotteshaus entgegen, den Ort, wo der Mensch von Gott nicht länger durch hohle Möglichkeiten getrennt, sondern wo er gewärmt, empfangen und geheiligt wird.

Das erklärt, weshalb die Autoren von „Nadjeschda" nicht müde werden, die Schönheit des Gotteshauses mit seiner besonderen Stimmung zu preisen, und die anderen, die seiner beraubt sind, nicht aufhören zu weinen über dessen Verlust. In der Orthodoxie hat es nie einen so starken Drang zur Missionierung gegeben wie im Katholizismus, wohl weil der Orthodoxe sich eher und lieber in das ihm konkret Bekannte, Wärmespendende und Vertraute vertieft, als zum Fremden, in die Abstraktion der Menschenliebe zu streben.

Die liturgische Auffassung der Zeit ist heute ebenso bedroht wie die des Raums: Wir „haben nie Zeit". Wir leben im Zeitalter der Schnelligkeit (die Kirchenväter sagten: Die

Dämonen sind schnell, aber nicht leicht), die Geschwindigkeiten wachsen ohne Unterlaß – Paul Virilio spricht von der „Ästhetik des Verschwindens" und begründet gar die Wissenschaft von der Geschwindigkeit, die „Dromologie" (vgl. F. Rötzer, „Französische Philosophen", Boer, 1986). Der Mensch kann die Zeit nicht mehr in den Griff bekommen; sie wird gänzlich von den Computern verwaltet. Der Mensch ist verstört, er kann in jeder Minute das Opfer von unmenschlichen, maschinellen oder okkulten Kräften werden, er ist die Geisel eines anonymen Schicksals. Es gibt eine Prophetie Ezechiels, wo Gott die verdorrten Gebeine wieder lebendig machen will (vgl. Ez 37, 5) – die Zeit ist gekommen, daß sich diese Prophetie bewahrheite. Ein Mittel, unseren trockenen Seelen ihre Feuchtigkeit zurückzugeben, ist das mit seinen zahlreichen Festen (Begebenheiten) geschmückte Kirchenjahr. Hier fließt nicht die homogene, eintönig-graue Zeit des einmal sinnlos arbeitenden, einmal sich sinnlos vergnügenden Menschen, sondern die einzigartig beschaffene Zeit der Heiligen und der heiligen Geschichte. Diese ist ja nicht etwa zu Ende, sondern sie wird vom Kirchenvolk heute weitergeschrieben.

Bei der Lektüre der in „Nadjeschda" publizierten Briefe von Priestern aus der Verbannung kann man immer wieder feststellen, daß trotz der – gelinde gesagt – schweren Umstände der kirchliche Festtag das Leben der Verbannten bestimmt, es erweitert und es gleichzeitig solide verankert. Die triumphierend gemächliche Zeit Gottes widersteht der Hyperzeit unseres Jahrhunderts.

Die Autoren von „Nadjeschda" sind Menschen der Kirche und der Liturgie, die jeden Tag Gottes Tod und Auferstehung begegnen. Sie fürchten denn auch nicht Verfolgungen, Kälte, Hunger und Gefangenschaft. Der Leser findet in ihren Briefen keine Klagen, ja nicht einmal ausführliche Schilderungen ihrer Nöte. Dies hat seinen Grund nicht nur in der Zensur, welche die meisten dieser Briefe passierten, sondern auch darin, daß diesen Priestern nichts „Heroisches" anhaftet und sie ihr Ich nicht in den Vordergrund stellen mögen. (Ist das etwa der Grund, daß es in der Orthodoxie keine „Bekenntnisse" wie die des heiligen Augustinus gibt?) Die Demut schenkt diesen Zeilen ihren ebenmäßigen Rhythmus, auf daß die Stille nicht weiche.

Beim Lesen dieser Zeugnisse ertappe ich mich öfters beim Gedanken, es sei, als ob die Sowjetzeit eigentlich nichts im Leben dieser Glaubenskämpfer verändert habe, sind sie doch gewohnt, zu hungern, zu dulden und Demut zu üben. Nur sind sie heute, wie schon oben gesagt, nicht mehr allein – kraft der Ereignisse ist die persönliche, individuelle Eschatologie zur allgemeinen „Apokalyptik" geworden. Dieses apokalyptische Bewußtsein ist, wie der ganze in „Nadjeschda" vorherrschende Ton, ruhig und würdevoll. Wunder und Schönheit werden in dankbarer Ergriffenheit empfangen.

Selbst wenn der Priester der Möglichkeit der Liturgiefeier beraubt ist, bleibt er ein Liturge, der den ganzen, der Erlösung harrenden Kosmos in eine einzige Kirche verwandelt. Der Wald, das Meer, die Wolken – alles wird zu Gottes Haus. „Das Meer, wieder das Meer, gebieterisch, machtvoll und uferlos, majestätisch. Wieder sehe ich es wie in jenen Tagen, als wir so nahe beisammen waren, in den Tagen unserer gemeinsamen, abgeschiedenen Freude und Liebe. Wiederum es, doch ist es jetzt anders, sieht sich nicht mehr ähnlich, es ist finster, kalt, schwarz ... Und doch ist es das Meer. Ich bin im Schutz und Schoße dessen, der mich an der Rechten führt." So schreibt der Priester Anatolij Schurakowskij aus Solowki, einer früher berühmten Klosterinsel im Weißen Meer, welche mehrere Jahrzehnte lang als Straflager diente. Es bleibt einzig die Liturgie der Natur.

Ein Baum, ein See, der Wind werden dem Verbannten vertraut, und mit einer Liebkosung belebt er die prosaischsten Gegenstände. Lesen Sie in den Briefen des Bischofs German, wie er seine ganze Welt schon unter dem Blickwinkel der Rührung und des Mitleids sieht und von einem Päcklein, einem Stückchen, einem „Eilein" und gar von einem „Ikönchen" spricht. Was aber nicht Sentimentalität oder Weichheit bedeutet. Es spricht nicht so sehr die Seele als vielmehr der Geist: „Unser Geist muß sich von seiner Rechtschaffenheit – so rein und ideal sie uns auch erscheine – lossagen und sich mit Gottes gerechtem Willen versöhnen. Gottes Wille aber ist für unsere Seele beengend und schwer erträglich."

In der apokalyptischen Sehweise kehrt sich alles um. Die Logik der christlichen Wahrheit wird stets von neuem zum Ärgernis für die Welt: Sogar von seiner Rechtschaffenheit muß man sich lossagen. Zum Guten wendet sich auch, daß es weniger Kirchen gibt: Werde du nun selbst zum Hause des Herrn – „der Zugang zu manchen Heiligtümern ist erschwert, sei selbst dieses Heiligtum und eine heilige Ikone", lehrt Bischof German seine geistlichen Kinder.

Genauso ist auch heute noch die Meinung der „Volkstheologie", wie sie etwa in den Ansichten und Überzeugungen der frommen alten Weiber sich ausdrückt: „Ohne Gottes Wille wird dir kein Haar vom Kopf fallen." Weises Gottvertrauen und Geduld werden auch die Sowjetmacht zermahlen. Geduld ohne hysterische Nostalgie, ohne utopische Projekte und Sprünge nach „rechts" und „links", ohne Eile (aber auch ohne Immobilismus), mit innerem Wachsein. Wie heißt es in der Offenbarung: „Hier ist Geduld und Glaube der Heiligen" (Offb 13,10).

Bei Kierkegaard steht, Gott sei ein Musiker, der gerne einen reinen Ton hört. Diesen Ton herauszuhören ist heute schwierig. „Für jedes unnütze Wort wird Rechenschaft verlangt" (Mt 12,36), das gilt heute mehr und strenger als gestern. Zuviel spricht und zuwenig tut man in den heutigen Kirchen.

Der „Aufschrei des Geistes", der in den Zeugnissen von „Nadjeschda" zu hören ist, wird Gott ebenso gefallen, wie er seinen anspruchsvollen Lesern in Rußland gefallen hat. Diese Texte sprechen dort die verschiedensten Kreise an: die „Aristokraten des Geistes" – die Mönche –, die „Aristokraten des Denkens" – die neu bekehrten Intellektuellen –, die gewöhnliche alte Frau und auch den sowjetischen Bourgeois, der keine Mode verpassen will.

Meine Bitte an den westlichen Leser ist: Lesen Sie das Folgende nicht, ohne zu beten. Vergessen Sie im Gebet auch nicht Gottes Dienerin Soja, die weit weg von einem Gotteshaus lebte und das Kreuz trug, das Kreuz der Einsamkeit, der Krankheiten und der Trennung von ihrer geliebten Tätigkeit und die sich auf ihrem schweren Kreuzweg nicht beirren läßt.

Armut der verlassenen Erde

Bericht eines anonymen Moskauer Autors[*]

Unsere Reise begann in Kirillow. Es war Ende September, und die Touristen waren längst wieder verreist. Unruhig plätscherten die Wellen des blauen Sees. In weißer Höhe über dem Klosterturm blies ein einsamer Engel auf den Zehenspitzen Posaune. In der Kapelle mit der Aufschrift „Souvenirs" fröstelte eine bejahrte Verkäuferin.

Nicht weit davon stand ein kleiner, alter Autobus mit Arbeitern in ihren ärmellosen Jacken; sie lachten, rauchten und fluchten. „Steigen Sie ein, wir fahren gleich", antwortete der Fahrer auf unsere Frage, ob wir mitkommen könnten. Und während der ganzen Fahrt beachtete uns niemand mehr.

Wir machten es uns zuhinterst bequem, auf einem abgenutzten, zerschlissenen rötlichbraunen Sitz. Die Mitfahrenden bemerkten uns nicht – sie verschanzten sich hinter einer Wand von Tabakrauch, hinter ihren Gesprächen, die allein sie verstanden, und hinter ihren wattierten Rücken. So fuhren wir acht Kilometer weit.

Die hiesige sanfte, unscheinbare Erde wärmte sich an den letzten Sonnenstrahlen. Es war so warm, daß im Gras die gelben Kugeln des Löwenzahns, Herbst und Frühling verwechselnd, wieder auftauchten. Und das Gras ist im Norden ohnehin immer grün. Kaum hörbar klapperten im Wind die rötlichen Samenkapseln des Flachses, der nicht geerntet worden war. Irgendwo im Feld sammelten Schüler Kartoffeln.

[*] Aus „Nadjeschda" Nr. 10

Weiter als Penkow fuhr der Bus nicht. Das Dorf erstreckte sich längs des Ufers eines anderen Sees. Schwermütige Fichten wechselten mit schon gelblichen Birken ab, die über die verlassene Kirche und die namenlosen Gräber hingen.

„Die Einsiedelei des Nil von Sora?" wiederholte eine Passantin unsere Frage. „Sie müssen zum Haus der Chronischkranken gehen", erriet sie. „Ich habe dort neun Jahre gearbeitet und dann aufgehört. Es macht einem Angst, dahin zu gehen. Von hier sind es noch acht Kilometer. Manchmal trifft man Bären. Einmal stieß ich auf eine Bärenmutter mit ihren Jungen und dachte schon, ich sei verloren. Das war im Frühling, und seither mag ich nicht mehr allein dorthingehen."

Sie wies uns die Richtung. Seltsame Dörfer lagen auf unserem Weg: Sie waren leer. Die Menschen lebten nicht mehr darin, obwohl sie, wie es im Norden von alters her Brauch ist, den Zugang sorgfältig mit langen grauen Stangen abgesperrt hatten.

„Wollt ihr ein Haus kaufen, ein gutes, nicht teuer? Für ganze hundert Rubel", schlug uns unvermittelt eine alte Frau vor, die uns entgegenkam. „Im ganzen Dorf leben noch zwei Greise, beide sind über Achtzig. Die andern sind alle in die Stadt gezogen, aber diese beiden wollen um keinen Preis dahin. So nehm' ich mir halt die Mühe und fahre immer hierher, um ihnen zu helfen. Wenn auch nur Urlauber die Häuser kaufen würden, es wäre weniger trostlos."

Dann ließen wir die blauen Seen, die Hügel, die leeren Dörfer, die schwermütigen Fichten und die Birken mit ihrem gelben Laub zurück. Vor uns erstreckte sich ein gerader Dammweg, auf dessen beiden Seiten, im Sumpf, niedrige, unscheinbare Sträucher wuchsen. Dahinter stand dichter Wald. Auf dem Weg aber näherte sich uns schnell ein großer, dünner Mann. Im Laufen verbeugte er sich hie und da, hob etwas auf und warf es zur Seite. Nun war er auf unserer Höhe, seine Augen irrten umher. Er war kahlgeschoren. Er rannte hüpfend weiter, ohne uns zu bemerken, in die leeren Dörfer.

Der Weg schien kein Ende zu nehmen. Er lag wie ein langer, grauer Faden mitten in dem langweiligen Sumpf, wo nichts das Auge erfreute. Einzig die Sonne, die mit ihren Strahlen die Fichtenwipfel berührte, verhieß Hoffnung.

Unterwegs wurde es heiß und schwül. Vom scharfen Geruch des wilden Rosmarins wurde uns beinahe schwindlig.

Und plötzlich brach der Weg ab. Unerwartet kam eine jähe Krümmung, der Wald trat zurück, vor uns erstreckte sich eine Lichtung, und dahinter lag eine kleine Siedlung: Dies war wohl der Ort, den wir suchten.

Er überraschte uns schon auf den ersten Blick aus der Ferne durch seine Verwahrlosung, seine Armut und seine gleichsam ausweglose Stummheit. Anstelle der hohen Klostermauern und -türme, die uns die Phantasie unwillkürlich vorgezeichnet hatte, sahen wir niedere Mauerreste, denen beinahe schon jede Kontur fehlte. Kein Glockenturm, keine Kirchtürme, keine menschliche Bewegung. In der Nähe gab es auch keine richtige Behausung, einzig ein paar verwahrloste Hütten und schiefe Kornspeicher. Aus einer der Hütten drang das schwermütige Heulen einer elektrischen Säge. Als wir nähertraten, sahen wir bei einem grauen Haus, das einer Kolchoseverwaltung glich, einen unbeschäftigten Mann stehen. Es war, als habe er von unserem Kommen gewußt und als erwarte er uns. Hinter ihm hing an der Tür ein Schild: „Psychoneuropathologisches Invalidenheim."

„Guten Tag. Ist das die Einsiedelei des Nil von Sora?" – „Ja, das ist hier. Wer seid Ihr denn und woher?" Wir stellten uns als Liebhaber von Altertümern aus der Hauptstadt vor, was den kleinen, kräftigen Mann sichtlich interessierte. „Leben Sie schon lange hier?" fragten wir ihn. „Vielleicht wissen Sie etwas von der Geschichte dieses Ortes?"

Und wie. Mit eigenen Händen hatte er vor fünf Jahren die frühere Klostermühle abgetragen, Balken für Balken. „Einst diente die Wassermühle, welche der Heilige am Flüßchen gebaut hatte, der Ernährung der Mönche", steht im Buch von Professor S. Schewyrjow zu lesen, welcher diesen

Ort 125 Jahre vor uns besucht hatte. Die Mühle hatte seit dem 15. Jahrhundert gestanden. „Jetzt ist da ein Speicher."

Und in den einstigen Klostertürmen in der Ecke der Umfassungsmauer wird jetzt Silofutter für das Vieh aufbewahrt.

„Bei den Zellen steht ein Ziehbrunnen mit köstlichem Wasser, das auch zu Heilzwecken verwendet wird: Auch dieser Brunnen ist ein Werk des Heiligen", berichtete S. Schewyrjow. „Als erstes baute er die Kapelle und eine Zelle und hob dann daneben den Brunnenschacht aus."

„Ja, vom Brunnen hab' ich schon gehört!" Unser Gesprächspartner lebte auf. „Ein Weib hat mal davon erzählt; sie versprach mir, ihn zu zeigen, dann starb sie aber. Hab' ihn selbst gesucht, aber finden kann ich ihn nicht."

Es stellte sich heraus, daß der Mann, mit dem wir sprachen, der Verwalter, ja überhaupt der wichtigste Beamte im Ort war. Schon seit etwa zwanzig Jahren lebte er hier – gekommen war er gleich nach dem Krieg, er wollte sich umsehen und sein Brot verdienen und blieb schließlich für immer. Gerne erzählte er von den Menschen, die nunmehr die Mönche abgelöst hatten. Er nannte sie die „Versorgten" – es war der hiesige Name für die Geisteskranken. Und anstatt der langen Bezeichnung stand auf einer Tafel einfach: Einsiedelei.

„Wir wollen mal sehen, wie man bei uns lebt, da drin, das interessiert euch ja." Mit einer Hausherrengeste wies er zum Eingang. Wir waren noch nie in einem Irrenhaus gewesen, und uns wurde unwohl zumute. „Heiliger Vater Nil, bitte Gott für uns."

Als wir durch den Torbogen traten, zeigte er uns kaum sichtbare dunkelblaue Flecken, die sich fast nicht vom drekkigen Verputz abhoben. „Schaut da, wir hatten früher auch mal Fresken!" sagte er voller Stolz.

Begleitet von diesen Worten, betraten wir die einstige Einsiedelei des Nil von Sora. Auch in früheren Zeiten war dieses Kloster klein und bettelarm gewesen. Als Professor Schewyrjow es besuchte, lebten darin zwanzig Mönche. Im

15. Jahrhundert aber war der heilige Nil von Sora allein mit seinem Schüler Innokentij hierhergekommen, und sie errichteten ihre Zellen „einen Steinwurf" voneinander: Von der ersten Zelle warfen sie einen Stein und bauten die andere dort, wo er zu Boden gefallen war. Und der große Starez Nil freute sich, „da ich durch Gottes Gnade einen Ort gefunden habe, der mir nach dem Sinn steht: Weltlich Volk wird wenig kommen." Er ließ sich hier nieder, nachdem er einige Jahre an den Gestaden des Mittelmeers bei den Starzen des Athos Belehrung empfangen hatte. Später sammelten sich hier, am Ufer des Flüßchens Sorka, das kaum fließt und beinahe wie ein Sumpf stillesteht, noch zehn Schüler um ihn.

In diesem verlassenen und wilden Waldesdickicht führten die Mönche ein hartes Leben. Sie ernährten sich von der Arbeit ihrer Hände, hatten nichts, was ihnen gehörte, saßen in ihren Zellen. Einzig am Samstag und am Sonntag kamen sie in der Kirche zusammen, um Gott zu loben.

Der heilige Nil studierte hier die Kirchenväter und schrieb seine „Regel vom mönchischen Leben". Im Winter lag ringsumher eine endlose Masse von undurchdringlichem Schnee, und schwarze Nacht umfaßte sechs Monate pro Jahr die erste Einsiedelei des russischen Nordens.

Bis heute ist die Zahl der Bewohner auf hundert angewachsen. Hundert geistig Chronischkranke. Auf winzigem Raum gingen und saßen gruppenweise und allein die Männer, alte und junge, schöne und häßliche, schweigsame und unaufhörlich brummende. Auch sie wollten sich an den letzten Strahlen der Herbstsonne wärmen.

Wir gingen weiter auf dem einzigen Weg, der von der einen Klostermauer zur anderen führte; er endete vor dem Holzgitter des gegenüberliegenden Tores. Durch das Gitter sahen wir Felder, und es schien, als ob dort, im weiten Raum, ein anderes, geheimnisvolles Leben begänne.

Kaum hatten sie die Fremden bemerkt, schlossen sich die Versorgten zu einem Haufen zusammen und gingen schweigend hinter uns her wie eine Schafherde, die von einem seltenen Schauspiel angezogen wird. Es war unangenehm, sie hinter unserem Rücken zu spüren – wir schämten uns auch, und es schmerzte uns. Unser Begleiter schenkte ihnen nicht die geringste Beachtung.

„Papachen, seid Ihr zu einem Versorgten auf Besuch gekommen?" flüsterte plötzlich jemand hoffnungsvoll neben uns. „Nein." Nein, wir waren nicht zu ihnen gekommen; bevor wir da waren, ahnten wir ja nicht einmal, daß es sie hier geben könnte. Wer weiß, ob überhaupt noch jemand auf der Welt sich an sie erinnert?

Da hörte man einen Schrei. Wir drehten uns um: Unter dem Eckturm zerrte man an den Händen eine kahlgeschorene magere Gestalt hervor, barfuß und in Unterwäsche, mit einem über die Schulter geworfenen Bettlaken. Der Mann litt und schrie aus irgendeinem Grunde. „Macht nichts, macht nichts, keine Aufregung, er ist blind und beinahe taub", beruhigte uns der Herr des Hauses. „Sie führen ihn weg, das muß so sein." Und die anderen, die zu uns drängten, schrie er an: „Weg da, weg von hier!" Und sie stoben sogleich auseinander, alle auf einmal, wieder wie eine Schafherde, wenn ein Hindernis sie erschreckt.

Wir wollten gehen. Unwillkürlich und gegen allen gesunden Menschenverstand befiel uns die Angst, ob man uns denn hier wieder herauslassen würde. Wir wollten das jedenfalls schnell hinter uns haben, wozu es aber einen Vorwand brauchte, der sich alsbald mühelos fand.

„Gibt es im Dorf eine Speisewirtschaft?" – „Nein, aber wozu denn? Ihr braucht das gar nicht. Kommt, wir haben kürzlich den Speisesaal für die Versorgten wieder hergerichtet. Ihr sollt kosten, wie wir sie speisen." Der Hausherr lud uns mit Nachdruck zum Essen – wir konnten nichts tun.

Der Speisesaal war in einem steinernen Kirchengebäude untergebracht, welches gerade in der Zeit gebaut wurde, als S. Schewyrjow das Kloster besuchte, dessen Buch wir mitgenommen hatten: „An der Stelle der jetzt im Bau befindlichen Steinkirche befand sich früher die allgemeine Kathedralkirche der Mönche. Vorher war alles aus Holz, auch die

Kirche mit dem Grab des gottgefälligen Heiligen, doch jetzt wird in Stein gebaut – man ist seit mehreren Jahren daran und ist noch nicht fertig."

Das war im Jahre 1847. Jetzt war man fertig geworden. Wir traten in den großen Speisesaal. Unser Begleiter ließ uns auf der Schwelle stehen, ging zur Wirtin und flüsterte mit ihr. Nichts erinnerte mehr an eine Kirche: glatte, leere Wände, moderne Beleuchtung, kleine Tische mit vier Plätzen und Stühle, wie man sie in jedem Gebäude in der Stadt auch findet. Über all diesen Alltäglichkeiten war über die ganze Wand – es war wohl die westliche Kirchenwand, wo jeweils eine Darstellung des Jüngsten Gerichts zu sehen war – ein Bild hingemalt. Ein schwarzer Abgrund, über dem dicker schwarzer Rauch in Schwaden emporsteigt. Und auf dieser schwarzen Masse fliegt eine Troika mit roten Rossen dahin, deren rote Mähnen im Wind flattern. Der Hausherr hatte unseren Blick bemerkt: „Ein Maler aus Tscherepowez hat's gemalt. Schön, nicht wahr?"

Es war jedenfalls symbolisch – an die Hölle erinnerte es, an das Gestammel eines Verrückten und an die schrecklichen, schwarz-roten Rauchwolken von Tscherepowez. Unter diesem Gemälde aßen wir. Man tischte uns ein nach den hiesigen Maßstäben üppiges Mahl auf: Kohlsuppe mit einem Stück Schweinefleisch, Pilaw und eine große Tasse Milch.

„Das kriegen unsere Versorgten, so viel geben wir ihnen!" Der Hausherr war guter Stimmung und sorgte sich geschäftig um uns. „So ist es immer. Bei uns leben die Versorgten gut!" Er hielt uns sichtlich für heimliche Revisoren und hatte Angst, sich eine Blöße zu geben.

Hier, in dieser armseligen Erde, die jetzt von Geistesgestörten bewohnt war, lagen irgendwo die Reliquien des heiligen Nil von Sora. „Wissen Sie etwa, wo der heilige Nil begraben ist?" „Man weiß, daß er hier ist, aber genau kann ich das nicht sagen. Er ist in einem silbernen Sarg bestattet."
Sein ganzes Leben trug der Heilige armselige Kleider aus

derart grobem Stoff, daß ihn die Fasern stachen wie Nadeln. Seine Mönche hatten weder goldene noch silberne Gefäße, nicht einmal für den Gottesdienst. Die Armut war ein strenger Grundsatz des Klosters. Nur die Einbildung der Nachfahren hat dem Heiligen einen silbernen Sarg nachgesagt.

„Sagen Sie, wie können hier Verwandte die Kranken besuchen? Bis zur Station ist es doch weit." – „Wer will, kann sich schriftlich anmelden, und wir gehen die Leute dann holen. Es fährt ja ohnehin ein Wagen immer in die Stadt, um Lebensmittel zu holen." – „Und schreiben kann man hierhin?" – „Natürlich kann man das. Habt ihr etwa auf dem Weg nicht unsern Postboten getroffen? Er ist auch ein Versorgter." – „Wie kommen wir jetzt wieder zurück?" – „Es ist gerade kein Wagen da, aber ihr könnt ja auf dem Traktor fahren. Wir führen euch hin, wenn ihr wollt. Ich rufe gleich den Kolja."

Wir verlassen das Kloster durch denselben Ausgang mit seinen dunklen Freskenflecken. Ein Wächter mit Gewehr tritt zur Seite und entläßt uns in die Freiheit – die Menge der Versorgten bleibt drinnen zurück.

Im Büro saßen zwei Frauen, schrieben etwas und ratterten mit dem Zählrahmen. Sie antworteten verlegen: Ja, sie liebten diese Gegend, sie sei weiträumig und voller Beeren und Pilze, und sie hätten Gemüsegärten. „Still und verlassen ist es hier. Kommen oft Touristen hierher?" – „Ja sicher. Vor zwei Jahren waren ihrer zwei da, Professoren aus Moskau. Die interessierten sich auch fürs Kloster und für Nil." Und weiter: „Jetzt kann man hier gut leben, man hat keine Angst mehr. Aber früher war hier ein Lager für Verbrecher, da haben wir viel durchgemacht."

Nun kam Kolja, der junge Traktorfahrer, und ließ den Motor an. Wir dankten dem Herrn des Hauses und stiegen in den Anhänger. Das Gefährt knatterte behend auf der grauen Straße dahin, vorbei an den eingesunkenen Klostermauern, dem Schober mit der elektrischen Säge und den Sumpflöchern mit den saftlosen Sträuchern, hinaus auf die breite, öde Straße, die zum Wald führte. Der Herbsttag ging zur Neige.

Unsere Fahrt lag nun schon einige Zeit zurück. Wir begriffen, daß uns der Herr kaum jemals wieder auf die von allen vergessene, verwahrloste und verlorene Erde des Klosters des heiligen Nil von Sora führen würde. Es blieb zurück mit seinem traurigen Schicksal, wir aber strebten weiter unserem eigenen Schicksal entgegen. Und doch hat es diesen Tag gegeben; und sie hat stattgefunden und ist im Buch des Lebens eingetragen, unsere stumme Pilgerfahrt zu den Reliquien des heiligen Nil. Wozu war sie gut? Was hat sie uns gebracht? Wo sind ihre Früchte? Wo sind die Früchte unseres ganzen Lebens? Unserer Hoffnungen, unserer Mühen, unseres Stürzens und unseres Suchens, unserer Glaubenstaten und unserer Gebete?

Beim Eingang jedes Dorfes sprang unser Fahrer fröhlich pfeifend von seinem Sitz und öffnete den „Schlagbaum", indem er die lange graue Stange zur Seite schob. Nachdem die Umzäunung passiert war, hielt er an und sprang wieder ab, um sie hinter sich wieder zu schließen. „Wozu sind diese Zäune da?" – „Sonst ginge das Vieh zum Dorf hinaus und würde sich verirren." – „Aber im Dorf gibt es ja weder Menschen noch Vieh?" Kolja schwieg auf diese Frage. Er fuhr uns nach Penkow, wie ihm sein Chef befohlen hatte.

Als wir mit einem gestoppten Pkw endlich nach Kirillow zurückkamen, dunkelte es bereits. Der leere Platz war von zwei, drei Straßenlaternen spärlich beleuchtet. Die Stimme der Jahrhunderte und der Geschichte ging um, so schien es, verdichtete sich und wollte sich in einem Laut Luft machen. Der Schein einer Lampe stieg zum Himmel. Am schwarzen Himmel über dem Klosterturm posaunte immer noch der Engel auf den Zehenspitzen.

„Der heilige Nil verschied anno 1508, am siebten Mai, im Alter von 75 Jahren. Seinen Brüdern hatte er geboten, seinen Leib den wilden Tieren und den Vögeln zum Fraß vorzuwerfen: Dieser habe viel gegen Gott gesündigt und sei eines Begräbnisses unwürdig. Wenn seine Mitmönche das nicht tun wollten, sollten sie an der Stelle, wo er gelebt hatte, ein Loch ausheben und ihn ohne jegliche Ehre begraben."

Die Nachkommen des 20. Jahrhunderts haben die Bitte des demütigen Heiligen erfüllt.

Gott vergebe uns allen. O. W.

Nil von Sora (Majkow), 1433–1508
Zunächst Kopist, dann Mönch des Klosters Kirillowo-Bjelosersk. Nahm trotz seines zurückgezogenen Lebens Stellung zu wichtigen Fragen seiner Zeit: Er trat für Toleranz gegenüber Andersdenkenden in der Kirche ein und kritisierte den Grundbesitz der Klöster, welcher damals ein Drittel des staatlichen Territoriums Rußlands ausmachte. In seinen Schriften und Reden verteidigt Nil das Ideal eines geistlichen Mönchtums, das den Vorrang vor der körperlichen Kasteiung haben sollte. Die Kirche soll arm sein und auf jeden Prunk verzichten, der Mönch sich auf die „göttlichen Schriften" (Evangelium und Kirchenväter) als oberste Autorität stützen. Die Schrift kann dabei durchaus auch kritisch überdacht werden. Mit seinen neuen Ideen stellt sich Nil in scharfen Gegensatz zum etablierten Mönchtum seiner Zeit.

Nil von Sora ist offiziell nie heiliggesprochen worden, wird aber wie ein Heiliger verehrt, auch in liturgischen Texten. Das von ihm gegründete Kloster lag 16 km von Kirillow in Nordrußland, nördlich der beiden Städte Wologda und Tscherepowetz.

S. P. Schewyrjow (1806–1864), der Verfasser einer Beschreibung des Nilschen Klosters, war Professor der Moskauer Universität, Literaturkritiker und Dichter. (Anm. d. Ü.)

„Wer sein Leben verliert, wird es finden!"

Bischof Seraphim (Swesdinskij) von Dmitrow

Nikolaj Swesdinskij wurde 1883 in der Familie von Vater Ioann Swesdinskij, eines Priesters der eingläubigen Kirche* des Wolkow-Friedhofs, in Petersburg geboren. 1902 erlitt Kolja (Nikolaj) eine schwere Krankheit – von den Ärzten bereits aufgegeben, wurde er dank des Beistandes des seligen Seraphim geheilt. Darüber wurde ein Dokument ausgestellt, welches mit zur Heiligsprechung Seraphims (1903)** beitrug. 1908, als Zögling der geistlichen Akademie der Dreifaltigkeitslaura, empfing Nikolaj die Mönchsweihe unter dem Namen Seraphim. Nach Abschluß der Akademie wurde er 1910 zum Lehrer im Priesterseminar Bethanien ernannt, 1914 erhielt er den Titel eines Archimandriten und wurde Vorsteher des Tschudow-Klosters im Moskauer Kreml. Mit seinem dortigen Vorgänger, Archimandrit Arsenij (Schadanowskij), verband ihn eine langjährige Freundschaft. 1919 folgte die Weihe zum Bischof von Dmitrow. Die Gläubigen seiner Diözese brachten ihm außerordentliche Zuneigung entgegen. 1922 wurde er verhaftet und für zwei Jahre ins Gebiet Syrjansk (Sibirien) verbannt. 1925 kehrte er nach Moskau zurück, wo er ein Stellvertreter des Metropoliten Petr war. 1926 schickte ihn Metropolit Sergij erneut ins Exil, nach Diwejewo. September 1926: Verhaftung, Begegnung mit Metropo-

---

* Teil der Altgläubigen, die ihren Ritus aus der Zeit vor der Reform des Patriarchen Nikon (1654) beibehielten, aber von der orthodoxen Kirche seit 1800 anerkannt wurden, da sie deren Glaubenssätze vollständig akzeptierten (Anm. d. Ü.).

** Seraphim von Sarow (1760–1833), einer der größten Asketen und geistlichen Führer der russischen Kirche der neueren Zeit.

lit Sergij und nach der Verweigerung der Zusammenarbeit wieder Verbannung. 1932 wiederum Verhaftung und anschließende Verschickung nach Kasachstan, zunächst nach Alma-Ata, dann nach Gurjew. 1936 letzte Verhaftung; 1937 wurde der Bischof erschossen, worüber die Angehörigen durch folgende Mitteilung informiert wurden: "Verurteilt zu zehn Jahren Lager ohne Recht auf Briefwechsel."

Brief der Schwester N. Swesdinskijs, Anna, an ihren Bruder Michail

Grüß Dich, lieber Bruder Mischa!

Wir haben Kolja gebeten, Dir zu schreiben; er hat es versprochen. Nun hat also auch er seinen Weg gewählt. Wir waren zwei Tage bei ihm im Sossima-Kloster, wo er fastend die Woche vor seiner Weihe verbrachte. Wir beteten zusammen, weinten, baten einander um Vergebung und dachten auch an Dich, lieber Bruder: Wir wünschten Dir den gleichen Frieden und die gleiche Freude, die wir erlebten. Noch nie hatte ich Kolja so ruhig gesehen. Sein Blick war klar und gesammelt, er lächelte und strahlte übers ganze Gesicht. Er hat wahrhaftig das gefunden, wonach er strebte, wohin es ihn so leidenschaftlich zog! Am 26. September nach dem Abendgottesdienst wurde der ergreifende Ritus der Mönchsweihe vollzogen. Aus unserem Bruder Kolja wurde der fromme Mönch Seraphim! Du hättest ihn sehen sollen, als nach der Weihe die Mönche zu ihm traten und fragten: "Wie ist dein Name?" Welch himmlischen Frieden strahlte er aus! Nun ist es also vollbracht ... wir haben einen hingebungsvollen Beter, unseren Bruder Seraphim. Herz und Seele frohlocken. Tags darauf sahen wir ihn nach der Liturgie beim Vater Rektor, der uns zum gemeinsamen Tee einlud. Die ganze Nacht hatte unser Bruder in der Kirche verbracht und dann die heilige Kommunion empfangen. Bald darauf ging er mit dem Starzen, welcher die

Weihe vollzogen hatte, ins Kloster Gethsemane, wo er jetzt noch ist. Bald wird er an die Akademie zurückkehren. Nach seinem Weggang saßen wir noch eine ganze Weile im Gespräch beim Vater Rektor; er erzählte uns, wie er nachts bei ihm gewesen war und ihn gefragt hatte: „Nun, Bruder Seraphim, wie fühlst du dich?" – „Es ist mir", antwortete er, „als sängen die Engel um mich herum, Hochwürden." Der Rektor meinte, dies sei nicht jedem gegeben – auf Bruder Seraphim ruhe eine besondere Gnade. Unser lieber Bruder hat mich gebeten, Dir von seiner Weihe zu berichten, da es ihm gegenwärtig nicht ums Briefeschreiben ist.
2. Oktober 1908.
    Deine Dich liebende Schwester Njuscha

    Sergiew Possad, den 31. Oktober 1908
Mein lieber Bruder, Christus ist unter uns! Eben habe ich Deinen innigen, herzlichen Brief erhalten, der mich tief gerührt hat, und ich beeile mich zu antworten. Ich danke Dir, mein Lieber, für die Glück- und Segenswünsche. Du bittest mich, von den Gefühlen zu berichten, die mich vor der Weihe und in der darauffolgenden heiligen Zeit erfüllten. Mit großer Freude komme ich Deiner Bitte nach, obwohl das nicht leicht ist. Wie soll ich das ausdrücken, was meine Seele erlebt hat und wovon sie nun lebt; mit welchen Worten kann ich das wiedergeben, was mein Herz erfüllt?

Ich bin so reich an himmlischen Gnadenschätzen, die mir die großzügige Rechte des Herrn geschenkt hat, daß ich wahrhaftig nicht in der Lage bin, auch nur die Hälfte meines Reichtums zu zählen.

Ein Mönch bin ich jetzt. Wie seltsam ist das, wie unfaßlich und schrecklich! Ein neues Gewand, ein neuer Name, neue, bis anhin nie erlebte Gefühle, eine neue Innenwelt, eine neue Verfassung: alles, alles ist neu; neu bin ich bis ins Mark. O, welch wunderbare und übernatürliche Wirkung der Gnade! Sie hat mich ganz durchdrungen und verklärt ... Versteh mich, mein Lieber, der alte Nikolaj – wie ungern spreche ich meinen früheren Namen aus – existiert nicht mehr. Er ist irgendwohin verschleppt und ganz tief vergraben worden, so daß nicht die winzigste Spur von ihm übrigbleibt. Strenge ich mich auch noch so an, mich mir als „Nikolaj" vorzustellen, kommt rein nichts dabei heraus. Ich kann meine Vorstellungskraft bis zum äußersten anspannen, doch den früheren „Nikolaj" vor mir zu sehen, bringe ich nicht fertig. Es ist, als ob ich in den allertiefsten Schlaf gefallen und erwacht sei. Ich blicke um mich und will mich an die Zeit vorher erinnern, was mir aber nicht gelingt; wie wenn jemand meinen früheren Zustand aus dem Bewußtsein ausgelöscht und an dessen Stelle einen völlig neuen gesetzt hätte. Geblieben ist nur die neue, bislang unbekannte Gegenwart und die ferne Zukunft. Kommt ein Kind zur Welt, erinnert es sich ja nicht an sein Leben im Mutterleib. So auch ich: Die Weihe hat mich zum Kind gemacht, und ich entsinne mich meines weltlichen Lebens nicht – als sei ich erst jetzt und nicht vor 25 Jahren zur Welt gekommen. Als Bruchstücke sind natürlich ferne Erinnerungen an die Vergangenheit erhalten; das frühere Wesen indes ist nicht mehr da, ja die Seele ist anders und auch mein „Ich": nicht mehr „Nikolaj", sondern „Seraphim".

Ich will Dir erzählen, wie ich schrittweise zu dem gekommen bin, oder besser, wie mich Gottes Gnade schrittweise zu dem geführt hat, was ich jetzt bin. Mich daran zu erinnern ist auch für mich selbst nützlich; dies wird mich stärken, ermuntern und beflügeln, wenn die Welt, wie Du schreibst, sich dereinst anschickt, zu mir einzutreten. Ich habe Dir geschrieben, daß mein innerer Entschluß, Mönch zu sein, in meiner Seele unversehens am 27. August heranreifte und sich festsetzte. Am 4. September teilte ich meinen Entschluß mündlich dem Hochwürden Rektor mit. Jetzt blieb noch, die Entscheidung auszuführen und auf den Entschluß entschlossenes Handeln folgen zu lassen. Dazu hatte ich ein Gesuch zu stellen. An diesem Punkt nun hoben ein grausamer, blutiger Kampf und eine ganze seelische Tragödie an. Wahrhaft „stöhnend und zitternd" (kirchenslawische Fassung von Gen 4, 12. In der auf der Septuaginta beruhenden russischen Synodalübersetzung heißt es „unstet und flüchtig"; Anm. d. Ü.) war ich in der Zeit vor der Eingabe des Gesuchs. Und es gibt tatsächlich noch solche Naivlinge, welche die Existenz der bösen Geister bestreiten! Ständen diese Leute vor der Mönchsweihe, glaubten sie augenblicklich daran! Der Böse wollte mich um keinen Preis ziehen lassen. Gott behüte, was habe ich nicht alles durchgemacht!

Nachts erwachte ich jeweils plötzlich in Angst und Zittern: „Was hast du getan?" begann mir der Versucher einzuflößen, „ist's da einem in den Sinn gekommen, Mönch zu werden! Halt ein, bevor es zu spät ist!" Angst und unverständliches Grausen legten mich in Ketten. Alsdann erhob sich in meiner Seele ein Murren, ein ganzer Aufstand, und ein teuflischer Haß stieg in mir auf, Abscheu vor den Mönchen und den Mönchsgewändern, sogar vor dem Kloster; ich wollte fliehen, irgendwohin, weit, weit weg ... Dieser Kampf wechselte mit ungewöhnlicher Ruhe und seliger Tröstung ab – das waren die Stärkung und der Trost, die mir der Herr in meinem Kampf sandte. Es waren die Augenblicke, die ich in meinem letzten Brief „einzigartig, heilig, teuer und golden" nannte. Die Zeiten des Kampfes und der Prüfung aber verschwieg ich damals.

Am 6. September beschloß ich, zum Starzen zu fahren, um ihn um seinen Segen für die Einreichung meines Gesuchs zu bitten. Etwas in mir wollte mich nicht ziehen lassen und versuchte, mich um jeden Preis zurückzuhalten und aufzuhalten. Ich betete zum heiligen Seraphim und fuhr los. Ich hatte meine Fahrkarte gekauft und wollte eben in den Wagen steigen, als aus dem Wagen nebenan T. F. kam und direkt auf mich zusteuerte. Stell Dir vor, sie war wohl noch nie in der Dreifaltigkeitslaura, sie ist indifferent, und da war sie nun auf einmal und erst noch in diesem Augenblick. Ich beschreibe nicht, was sich in mir abspielte: ein ganzer Schwarm von Gefühlen und Gedanken suchte meine Seele heim, ich wollte weinen – eines nach dem anderen tauchten die hellen, zärtlichen, liebevollen Bilder des Familienlebens auf und gleichzeitig die finsteren, schrecklichen Bilder der mönchischen Einsamkeit, Bilder der Schwermut, der Trauer, der Langeweile und der Mutlosigkeit ... Wie unendlich schwer war das! Und es gab tatsächlich einen Moment – mit Schmerz und Reue erinnere ich mich seiner –, da ich auf meinen Entschluß verzichten, zu ihr treten und mit ihr sprechen wollte. Wäre nicht Gottes stärkende Gnade gewesen, hätte ich mich losgesagt, da mir schrecklich zumute war. Doch nein! Der Böse ward gedemütigt. Von weitem sehend, daß T. F. auf mich zukam und mich gleichsam mitfühlend anblickte, stieg ich schnell in meinen Wagen und setzte mich so, daß sie mich nicht sehen konnte. Dann fuhr der Zug los.

Im Sossima-Kloster wunderte sich der Starez und gebot mir, mit dem Gesuch nicht länger zuzuwarten. „Sonst", sagte er, „wird dich der Feind noch mehr verspotten." So errang ich mit Gottes Hilfe einen glänzenden Sieg in einem äußerst schweren Kampf. Jetzt erscheint mir jene ferne Zuneigung als eine Dummheit, in die ich mich verstrickt hatte, und als eine Belanglosigkeit. Am 10. September reichte ich mein Gesuch ein, und meine Weihe wurde auf den 26. festgesetzt. Die Zeit bis dahin verging im Fluge. Es war mir, als erwartete ich den herannahenden Tod. Von allem Weltlichen nahm ich Abschied; Abschied nahm ich auch von allen Menschen, und sie von mir. Ich war einen Tag in Moskau und verabschiedete mich dort von meiner Kinderfrau und von allen Bekannten. Kurz, alle Gefühle eines Sterbenden – Unruhe und Bestürzung, Angst, aber gleichzeitig auch Freude und Ruhe – ergriffen mich. Je näher der Tag der Weihe kam, desto mehr erstarrte mein Herz und bebte voller Bange meine Seele, desto stärker und spürbarer aber wurden auch die gnadenreichen Tröstungen. Du weißt ja: „Je größer das Leid, desto näher ist Gott."

Schließlich brach er an, dieser auf ewig gelobte und unvergeßliche Tag. Am 26. September war ich im Sossima-Kloster. Um 5 Uhr früh mußte ich nach Sergiew Possad fahren (wo sich die Dreifaltigkeitslaura befindet, heute Sagorsk; Anm. d. Ü.). Um 4 Uhr verließ ich zusammen mit einem Klosterbruder das Gästehaus und ging zu den Ställen, wo die Pferde eingespannt werden sollten. Mit mir würde der Abt selbst fahren, Vater German, der in Possad sein mußte. Die Pferde wurden nun vorgespannt.

Ich fahre zur Pforte, wo Vater German zu mir stoßen wird, und warte. Ringsum schläft der Wald in völliger Stille. Ich fühle, wie der ewige Friede meine Seele streift, in sie eingeht, und wie sie nach all den Leiden und Kämpfen freudig diese Ruhe genießt, sich entspannt und rastet. Nun erscheint der erhabene Abt, weißhaarig, mager, konzentriert und unablässig betend. Wir fahren los und kommen zur Station, von wo uns der Zug nach Possad bringt. Um 7 Uhr treffen wir dort ein. Ich schaue mich ein bißchen um und gehe zur Beichte, die äußerst gründlich ist und mein ganzes Leben seit dem sechsten Lebensjahr umfaßt. Nach der Beichte besuche ich die Liturgie, gehe in meine Zelle, schließe mich ein und mache etwas durch, das ich nie mehr – außer wohl in der Stunde des Todes – erleben werde. Vom Glockenturm schlägt es langsam, majestätisch und ruhig Mittag. In sechs bis sieben Stunden wird alles vorbei sein.

Wenn Du wüßtest, wie teuer mir jede Minute, jede Sekunde war! Wie bemühte ich mich, keinen einzigen Augenblick zu vergeuden! So verbrachte ich denn die Zeit mit Beten, Meditieren und Lesen der Kirchenväter. Was das Leben betrifft, hatte ich indes Mühe, mich dabei zu konzentrieren. Man sagt, vor dem Tod erinnere sich der Mensch unwillkürlich seines ganzen früheren Lebens. So tauchte auch in meinem Bewußtsein ein Bild nach dem andern auf: meine Schwärmereien, meine Krankheit, unser guter, zärtlicher, liebender Papa. Dann diese Erinnerung: ruhig scheint das Ikonenlämpchen, es ist Nacht ... Ich bin im Bett ... der Schmerz ist vorüber, ich sitze verwundert da und blicke auf die Ikone des heiligen Seraphim. Ein andermal liegt beim Schein desselben Lämpchens der Vater auf dem Sterbelager; dort ist der Sarg, um ihn Kerzen, das Grab, die

Schwester, Du – alles brachte mein Gedächtnis zum Vorschein. Gott allein weiß, was ich dabei fühlte und erlebte. Nie und nimmer wirst du, stolze und eingebildete Welt, dies begreifen können.

Um drei kam der Rektor zu mir, um mich zu ermuntern und zu trösten. Dann kamen die Studenten; einige nahmen von mir Abschied wie von einem Toten. Welch tiefer Sinn liegt in diesem Abschiednehmen: Das, wovon sie Abschied nahmen, wird nicht wiederkehren, da es auf ewig begraben ist. Um vier Uhr begann das Schmachten, mein Lieber! Schrecklich ist's, daran zurückzudenken: Eine totale Schwermut senkt sich wie eine Wolke auf mich, und es ist, als ob irgend etwas an meinem Herzen söge, es quäle oder daran nagte; etwas undurchdringlich Finsteres und Hoffnungsloses steigt plötzlich in mir auf, und von nirgends kommt Hilfe oder Tröstung. So wird es wohl nur noch vor dem Tode sein. Der Dämon ficht hier seinen letzten und fürchterlichsten Kampf aus. Glaub mir, ohne Gottes Hilfe wäre ich in diesem Ringen unterlegen. In solchen Augenblicken gibt es Selbstmorde. Doch der Herr ist stets in der Nähe des Menschen und schaut, wie dieser kämpft. Sobald er sieht, daß der Mensch der Erschöpfung nahe ist, schickt er sogleich seine gnädige Hilfe. So kam es auch bei mir so weit, daß ich in den entscheidendsten Augenblicken völlige Verlassenheit, Verlorenheit und Hilflosigkeit erfuhr und mir dann Stärkung gewährt wurde. Auf einmal stand ich wieder mitten im Licht, Frieden zog in meine Seele ein, und Seraphim blickte mich zärtlich und liebevoll an. (Weißt Du, die kleine Ikone, durch die ich geheilt wurde.) Weiter durchzuckte mich eine Art elektrischer Schlag: Der Papa war gekommen. Ich sah ihn nicht mit meinen physischen Augen, sondern ich spürte seine Gegenwart innerlich, geistlich, auf geheimnisvolle, wunderbare Weise; er berührte meine Seele, da er selbst auch Geist ist. Wieder hörte ich innerlich, intuitiv seine zärtliche, weiche Stimme. Er sprach mir in diesen entscheidenden Augenblicken gut zu und sagte, ich solle die Welt nicht bedauern, da an ihr nichts

Anziehendes sei ... Ungewohnte Rührung und selige Wärme überströmten meine Seele; erschöpft fiel ich vor den Ikonen zu Boden und begann wie ein Kind süße Tränen zu weinen. Die Klosterglocken schlugen halb sechs: leicht, majestätisch und unerschütterlich klang es.

Bis zur Vesper sind es nur noch anderthalb Stunden. Ruhig und freudig schlage ich das Evangelium auf und beginne zu lesen: „Euer Herz erschrecke nicht. Glaubet an Gott und glaubet an mich. In meines Vaters Hause sind viele Wohnungen ... Euer Herz erschrecke nicht und fürchte sich nicht ... Ich gehe hin und komme wieder zu euch ... Denn es kommt der Fürst dieser Welt und hat nichts an mir. Aber auf daß die Welt erkenne, daß ich den Vater liebe, und ich also tue, wie mir der Vater geboten hat: Stehet auf, lasset uns von hinnen gehen." Noch einmal schlägt die Glocke der Akademie-Kirche. Wie geht mir dieser Ton zu Herzen! Nun höre ich ein leises Klopfen an der Zellentür, ich öffne: ein befreundeter Mönch, Vater Philipp, kommt mich holen. „Es ist Zeit, gehen wir", sagt er. Wir erheben uns, beten und verneigen uns bis auf den Boden vor der Ikone des heiligen Seraphim. Dann gehen wir ... Steigen die Treppe hoch, die zu den Gemächern des Rektors führt, durchqueren diese und machen im letzten Saal, von welchem eine Türe in die Kirche führt, halt. Der Saal liegt im Halbdunkel, still glimmt das Öllämpchen. Die Türe ist angelehnt, ich vernehme Vespergesang: „Herr, mein Gott, du bist sehr herrlich; du bist schön und prächtig geschmückt ... Wunderbarlich sind deine Werke, Herr!" Ich trete in den Saal, blicke mich um; da steht Vater Christophorus, ich verneige mich vor ihm und er sich vor mir, und beide brechen wir in Tränen aus. Wir sprechen kein Wort zueinander – auch so verstehen wir alles. Dann bleibe ich allein hinter dem Wandschirm an der Seite. Dahinter steht ein Meßpult, auf dem eine Erlöserikone liegt und eine Kerze brennt. Ich stehe da in meiner Studentenuniform und sehe auf einem Stuhl ein härenes Hemd, Strümpfe ... Herrgott, wo bin ich gelandet? Wer bin ich? Wo bin ich? (Weißt Du noch, wie unser Vater das oft sagte). Schrecklich und gräßlich ist mir zumute! Ich muß mich ausziehen und blicke zum letzten Mal auf meine Uniform, berühre sie leicht, bete... Ich fasse mich etwas und beginne mich auszukleiden, bis ich schließlich splitternackt dastehe. Der alte Mensch ist nun abgelegt, der neue kleidet sich ein. Nur im härenen Hemd und in den Strümpfen folge ich nun, hinter dem Wandschirm im Angesicht der Erlöser-Ikone, dem Abendgottesdienst. Hoffend und glaubend schaue ich ins göttliche Antlitz, und auch es sieht mich an, sanft und demütig: Das tut gut und bringt Ruhe und Freude.

Ich sehe mich dastehen, ganz in Weiß, mit dem härenen Hemd bis zu den Füßen, einsam, gering und nichtig, ausgezogen, barfuß. Im Wissen um diese Nichtigkeit, im Wissen auch, Staub zu sein, stürze ich mich zu Boden und umklammere den Kopf mit beiden Händen. Lange liege ich so da, verschwinde, verliere mich, tauche in die Grenzenlosigkeit und Größe Gottes ein. Ich singe die Vesper mit: „Ehre sei Gott in der Höhe" und das Dreimalheilig – bei der letzten Wiederholung leise und verhalten wie an einem Begräbnis: „Heiliger Gott! Heiliger, starker Gott! Heiliger, unsterblicher Gott! Erbarme dich unser!" Gemessenen und erhabenen Schrittes kommt die feierliche Schar der Mönche mit ihren hohen Kappen und langen Mänteln auf mich zu. Sie tragen brennende Kerzen. Ich trete hinter dem Wandschirm hervor, und sie führen mich zur erhöhten Stelle vor der Ikonostase, wo bei einem Lesepult mit Kreuz und Evangelium der Hochwürden Rektor steht. „Ich eile in des Vaters Umarmung", singt der Chor, gedämpft, melancholisch und schwermütig. Kaum habe ich die mit Mönchskutten ausgelegte Vorhalle betreten, als ich mit dem Gesicht zur Erde falle, den Boden mit der Stirn berühre und die Arme kreuzweise ausbreite. Dann... ich weiß nicht mehr recht, was weiter geschieht: Alles wird irgendwie trüb und gerät ins Wanken. Ich falle wieder zu Boden. Da höre ich liegend die Worte: „Als Vater, der seine Kinder liebt, wird dich der barmherzige Gott angesichts deiner Demut und deiner aufrichtigen Reue wie den verlorenen Sohn empfangen, dich, der du Buße tust und von Herzen vor ihm niederfällst." Hochwürden tritt zu mir und hebt mich auf. Jetzt lege ich öffentlich und vor Gottes Angesicht die großen „schweren Mönchsgelübde" ab. Dann kleidet man mich ins Mönchsgewand und legt mir über die Schultern den schwarzen Brustlatz mit dem weißen Kreuz und den schrecklichen und wundervollen Worten: „Ich trage die Wunden meines Herrn Jesus Christus auf meinem Gürtel." Mitunter werden diese Worte stark und ganz real spürbar. Man legt mir auch das hölzerne Brustkreuz an zum ständigen Gedenken an die Leiden und Demütigungen, Bespuckungen, Beschimpfungen und Wunden, an die Kreuzigung und den Tod unseres Herrn und Erlösers Jesus Christus. Nun zieht man mir den Leibrock an, legt mir einen Ledergürtel um den Leib und streift mir den Mantel über. Dann kommen die Kappe und die Sandalen, und in die Hände erhalte ich eine brennende Kerze und ein Holzkreuz. So werde ich für die Welt begraben! Ich bin gestorben und gehe in eine andere Welt ein, obwohl sich alles hier auf Erden abspielt.

Was sich in mir abspielt, als ich nun vor dem Bild des Erlösers stehe, vor der Ikonostase, mit Kreuz und Kerze, läßt sich nicht schildern.

Die ganze Nacht nach der Weihe verbringe ich in höchster Begeisterung und unbeschreiblichem Entzücken. In meiner Seele spielt gleichsam himmlische Musik; etwas Zärtliches, unendlich Sanftes und Liebevolles trifft auf sie, läßt sie ersterben, vergehen und in der Umarmung des himmlischen Vaters versinken. Käme in diesem Augenblick jemand zu mir und sagte, in zwei Stunden würde ich hingerichtet, stiege ich ruhig, völlig ruhig und ohne jede zitternde Erregung aufs Schafott und würde ob der schrecklichen Strafe nicht mit der Wimper zucken. Ob ich in meinem Körper stecke oder nicht, weiß ich nicht – Gott weiß es.

Am 27. September empfange ich in der Liturgie die heilige Kommunion. Dann führt mich der Starez ins Kloster

Gethsemane, wo ich fünf Tage und fünf Nächte ohne Unterlaß in der Kirche verbringe und jeden Tag der heiligen Gaben teilhaftig werde. Ich erlebe und durchdenke in dieser Zeit so viel wie wahrscheinlich in meinem ganzen Leben nie mehr. Alles gibt es da: himmlische Glückseligkeit und höllische Qual, aber mehr von jener.

Ich will Dir kurz mein jetziges, neues Mönchsleben schildern, mein Lieber, und zwar mit den Worten eines Mönchs und Kirchenvaters: „Wenn die Laien all die Freuden und geistlichen Tröstungen kennen würden, die ein Mönch erlebt, verbliebe niemand mehr in der Welt draußen, sondern es gingen alle unter die Mönche. Wüßten die Laien aber auch um die Trauer und die Qualen, welche die Mönche heimsuchen, würde es kein menschliches Wesen je wagen, in den Mönchsstand zu treten. Kein Sterblicher würde sich dazu entschließen." Die reine Wahrheit ist das!

Am 22. Oktober bin ich zum Mönchsdiakon geweiht worden und feiere nun täglich die Liturgie mit, trage in meinen unwürdigen Händen den Allestragenden und habe teil am unsterblichen Mahl. Jeder Tag ist für mich Feiertag: Welch ein Glück und gleichzeitig auch welche große und beharrliche Glaubenstat.

Das, mein Lieber, sind meine Gefühle und Erlebnisse vor und nach der Mönchsweihe. Während ich diese Erinnerungen an das Geschehene niederschrieb, wurde mir unheimlich zumute: Wäre mir Gottes Gnade nicht zu Hilfe gekommen, hätte ich all das Geschehene nicht ausgehalten. Gott sei gelobt für alles!

Briefe des Bischofs Seraphim an seine geistliche Tochter Jekaterina Andurowa

Meine liebe und unvergeßliche geistliche Tochter Katjenka, goldenes Täubchen! Dank Dir für Deine flammenden Zeilen.

Schreibe Geschichten. Betrachte dies alles überhaupt wie ein fürs Überleben notwendiges Aufschlagen von Zelten. Darüber, wie ich mich im Gebiet Syrjansk eingelebt habe, wird Dir T. berichten. Wenn Du ein Stäubchen bist, hast Du keinerlei Winde zu befürchten: Wohin das Staubkorn auch verweht wird, es bleibt intakt. Die mächtige Eiche aber, wird sie umgestürzt, erzittert, kracht und „tut einen großen Fall" (vgl. Mt 7, 27). Ich bin sehr froh, daß Du Dich mit meinem Freund unterhalten hast.

Gott behüte Dich. Schurenjka (Kosenamen für Alexandra; Anm. d. Ü.) segne ich und bete ganz fest für sie und für Deine Mama.

14. Dezember a. St. 1923

Friede sei mit Dir, Freude und Stärkung vom lichttragenden, alleströstenden Abendmahl, Du goldene Biene Gottes und Novizin Jekaterina, meine liebe Katjenka!

Der Herr errette Dich für Deine Glückwünsche zu den Festen des 16., 17., 19., 22., 24., 26. und 29. November.

Jener „Schreckenstag", von dem Du schreibst, war nur im Traum schrecklich, im Grunde aber war es ein Freudentag, ein Tag Gottes, wie ich jetzt weiß. Der „Schreckenstag" möge auch Deine Zweifel über den Satz erhellen: „Wer sein Leben verliert, der wird es finden." Versuche einmal, diesen Satz aufmerksam zu studieren und an jenen Stellen darüber nachzudenken, wo er im Evangelium steht, nämlich Mt 10, 37–39; Mk 8, 31–35; Lk 9, 22–24; 14, 26–34. Dort geht es überall um die Entsagung. Bei Johannes ist davon noch mehr die Rede im Kap. 12, 24–25. Beispiele: Du magst nicht beten, nicht Dein Leben durch Schlafentzug, erschöpfendes Stehen usw. *verlieren*. Das heißt sein Leben, seine Gesundheit, seine Kräfte und seine Ruhe schonen.

Der Herr richtet alles ein, erstens wann und zweitens wie es ihm gefällt. Leider stürmst Du voraus, beeilst und sorgst Dich, regst Dich auf und rechnest Dir Termine aus. Die Stunde wird kommen, ohne daß Du gefragt wirst. Nimm Dir Zeit, eile nicht, handle ruhig; es geht nicht um irgendwelche Fristen. Ein unreifer Apfel schmeckt nicht gut. Laß auch deine Weihe in Ruhe ausreifen. Weshalb willst Du sie beschleunigen und herbeizwingen, warum läßt Du ihr keine Ruhe? Wenn etwas noch nicht da ist, warte, bis es kommt, und was da ist, hebe auf. Man kann doch nicht in einem, zwei Monaten dieses heilige, ewige Vorhaben verwirklichen. Sei vernünftig und vor allen Dingen demütig in allem. Nur ein Luther hat den Himmel im Sturm genommen. Schweige, halt inne.

Schweigen. (Unterschrift)

Meine teure Tochter Katjenka, goldenes Köpfchen! Zunächst danke ich Dir für diese himmlischen Zeilen in Deinem Brief: „Ein mächtiges Gefühl ergreift meine Seele, wenn ich daran denke, daß Sie in einem Zimmer leben, wo der Tisch der lebenspendenden Dreifaltigkeit sich erhebt, und Sie jederzeit vor dem Antlitz des Erlösers stehen und mit den himmlischen Kräften Kontakt pflegen ..." Mein kluges Kind, mein herzkluges Kind! Wahr hast Du gesprochen! Seit jeher erzürnt das heilige Abendmahl den Feind und stachelt ihn zu Neid und Rache an. Der gefallene Engel erträgt dessen glorreiches Strahlen nicht; er rast, bellt und spuckt. Und den zersetzenden Spritzern dieser Spucke entgeht mitunter auch der im Antlitz des Erlösers Stehende nicht; der Aufrührer will nicht zulassen, daß ein Mensch lange und gesammelt in das ruhige Angesicht des tiefsten Friedens blickt. Der Unselige heult und spuckt uns in die Herzensaugen, auf daß diese die ungeschaffene Schönheit nicht schauten. Denk an den schrecklichen Sturm und an das sinkende Boot, in welchem die Apostel mit dem Erlöser saßen. „Er aber rettete sie." Wir müssen lernen, ihn zu wekken, mein Kind, auf daß er unsere Stürme besänftige, die selbst in seiner Gegenwart aufkommen, und auf daß kein Spritzer des teuflischen Sturms in unsere Augen gelange. Behalte gut die Worte des Johann von K(ronstadt), um Dich nie zu fürchten noch zu verwirren: „Je stärker sich jemand ins Gebet vertieft, desto schlimmer und grimmiger sind die Versuchungen, die ihn heimsuchen ..."*

Ich beglückwünsche Dich aus vollem väterlichem Herzen zur Tonsur, denn seit dem Augenblick, da Du die Worte sprachst: „Nehmen Sie mein Gelöbnis entgegen, die Welt zu verlassen", hast Du bereits den „inneren" Schleier genommen, welcher höher steht als der äußerliche: dieser ist der Stempel, jener das Dokument. Dein Dokument ist ausgestellt, worüber ich mich freue und Dich nochmals beglückwünsche. Der Stempel wird unzweifelhaft daraufgesetzt werden. Doch leider kommt es auch vor, daß der Stempel bereit ist, das Dokument aber nicht. Der Stempel wird dann in den leeren Raum gesetzt, er hängt in der Luft. Das Kopftuch mit dem Band habe ich erhalten, gesegnet, mit Weihwasser besprenkelt und darüber gebetet, aber ich möchte es Dir selbst anlegen. Ich bitte meinen Freund, Vater M. F., es zu tun, falls Du Dich brennend danach sehnst, es zum äußeren Zeichen Deiner inneren Einstellung zu tragen. Doch selber schreibe ich ihm davon nichts – Du kannst ihm diese Zeilen zeigen. Aber er wird es Dir auch so glauben. Die Ohrringchen schicke ich Dir zurück; die Zeit dafür ist noch nicht reif. Ich schicke auch von mir geweihtes Wasser und ein Abendmahlsbrot. Von Njuta (= Anna) habe ich nicht eine einzige Zeile, aber wie Du sagst, „wird sie schon noch schreiben". Ach, meine Blumen: Der Wind bewegt sie, der Staub setzt ihnen zu, und der Sturm knickt sie ...

Gib meinen Segen Deiner lieben, stillen Mama weiter. Ihre Ikone der Gottesmutter „Schnelle Erhörung" tröstet mich. Bei M. kannst Du Dir den Reuekanon borgen und abschreiben. Er besteht aus Seufzern, wie sie in verzweifelter innerer Ausweglosigkeit auftreten. (Gemeint ist wohl der am Donnerstag der 5. Fastenwoche im Abendgottesdienst

---

* Johann von Kronstadt, eig. Ioann Iljitsch Sergiew, 1829–1908. Russischorthodoxer Mystiker und Prediger, seit 1855 Pfarrer. Er war bekannt für die Kraft seines Gebets und sein intensives Erleben der Liturgie. Wegen seiner sozialen Tätigkeit wurde er von allen Volksschichten verehrt. Zar Alexander III. empfing von ihm 1894 die Sterbesakramente. (Anm. d. Ü.)

gelesene Reuekanon des heiligen Andreas von Kreta; Anm. d. Ü.) Das gilt auch für den Hymnus „Auf den kreuztragenden und dornengekrönten Erlöser".

Überbringe von mir zum Trost und zum Sich-Fügen in den Willen Gottes das Abendmahlsbrot der Dienerin Gottes Klawdija, für deren verstorbenen Mann ich bete. Ich schicke Dein nettes Herbarium mit Rezepten.

Gib die beiliegende Notiz an A. Sch. weiter.

Von nun an bist Du kein Stäubchen mehr, sondern ein Tautropfen, der himmelwärts steigt.

Es beschütze Dich der Herr in allen Versuchungen.

Dein   (Unterschrift)
11. Sept. 1923, Wisinga.

Meine in Christo geliebte geistliche Tochter, Friede sei mit Dir, die Du im Herzen mit Deinen Nächsten mitleidest. Ich habe Dir per Post die Antwort auf alle Deine Fragen geschickt, die Du in Dein Büchlein eingetragen hattest; die Seiten mußte ich herausreißen. Bezüglich der Einsamkeit hast Du die Wahrheit gesprochen – sie ist doppelt. Doch auch das will ertragen sein. Die heiligen Sakramente zerschlagen sie wie mit einem Eisenhammer und erfüllen das Herz mit Gottes Gegenwart. Ich liebe Deine Fragen. In einem Brief ist es schwierig, sie allseitig zu beantworten.

Die Einsamkeit, meine Liebe, kommt nur dort auf, wo die Gnade des Zwiegesprächs fehlt. Sobald sie da ist, vergißt der Mensch seine Einsamkeit. Wo sie nun aber fehlt, soll sich die Seele aufraffen und rufen: „Mein Gott, mein Gott, warum hast du mich verlassen!"

Gib meinen Segen Deiner lieben Mama weiter. Als Du meinen Namenstag feiertest, war ich im Geiste bei Euch und fand Trost. Warum ist Vater ... zurückgehalten worden? Wenn das nur nicht auch Deinem Papa passiert. Woran ist Marussja erkrankt? Geht es ihr besser? Es freut mich sehr, daß Du sie besuchst: Du wirst viel dabei lernen. Der Herr behüte Dich.

Du hast die Glaubenstat des täglichen Besuchs der göttlichen Liturgie auf Dich genommen – darin liegt die Quelle des täglichen Lebens und der Fülle inmitten der eitlen Betriebsamkeit. Ermüde Dich nur nicht zu sehr. Mir scheint, Du fastest übermäßig. Der Liturgie kannst du den Zeitumständen entsprechend auch beiwohnen, wenn Du gegessen hast – Du mußt ja Zug fahren. Du Arme, Du quälst Dich wie Lot mit Deiner Seele. Ich verbiete Dir zu fasten. Du tust mit Deinen verschiedenen Reisen und Übergängen schon genug. Der Gebetsregel kannst Du auch im Gehen und im Fahren nachkommen. Diese Müdigkeit ist, besonders in Verbindung mit der Anspannung der Willenskräfte, eine Glaubenstat, welche zur tröstenden Gnade des Heiligen Geistes hinführt.

Halte durch. Ich denke an Dich, gedenke Deiner, bewahre Dein Andenken, verstehe Dich und bete für Dich.

Verzweifle nicht.

Christi Friede sei mit Dir, jener Friede, der jeden Verstand übersteigt, der in die Tiefe des Herzens reicht und den uns der Herr für unsere standhafte Demut und demütige Geduld schenkt – dieser Friede sei mit Dir, meine geliebte Tochter, goldenes Köpfchen, Katjuscha, die Du der Welt nicht angehörst!

Du hattest vor, zu mir zu fahren. Wisse, daß Dein Besuch für mich einen großen Trost bedeuten würde. Doch wenn ich mir vor Augen halte, mit welchen Schwierigkeiten und Aufregungen die Reise hierhin verbunden ist, tun mir die Menschen leid, die sie unternehmen wollen. Es wäre mir aber nie in den Sinn gekommen, meine Liebe, Dir über T. ein Reiseverbot zukommen zu lassen. Woher hatte sie das nur? Ich sagte ihr lediglich, sie solle jeden, der die Reise wagen will, über deren Mühseligkeit ins Bild setzen.

Es freut mich, daß Du die Meinen besuchst. Du schreibst – hartnäckig bist Du! –, es sei dennoch besser, eine Eiche – und sei sie auch morsch – denn ein Staubkorn zu sein, das der Wind überall hinfegt. Es gibt doch Stäubchen und Stäubchen: Nicht jedes wird vom Wind weggetragen. Vom Brillant, vom Saphir und vom Gold gibt es ja auch Staub. Christus ist der Edelstein, und Du hast teil an ihm – als Stäubchen von diesem Stein. Was ist dagegen eine Eiche, und erst noch eine morsche!

Dir und allen meinen Dmitrowern danke ich für die Mitteilung vom Tode meiner Schwester. Die Nachricht hat mich nicht überrascht – sie war mir bereits mit anderer Post zugekommen. Gib Deiner Dienerin, Herr, die ewige Ruhe. Die himmlische Ruhe aber will durch irdische Unruhe erarbeitet sein. Eine Besonderheit der Verstorbenen war ihr Glaube, ihre Liebe, ihre zitternde Furcht vor den lebensspendenden Sakramenten. Nie sah ich sie die heiligen Sakramente ohne Tränen empfangen – stets weinte sie vor Rührung. Nach der Kommunion frohlockte sie immer, jubelte, freute sich unsäglich und sang wie eine Lerche am Himmel. Sie hatte die Gabe, von einem extremen Bedürfnis nach den heiligen Sakramenten getragen zu sein und stets die Wirkung der Kommunion an sich zu erfahren. Und sichtlich wagte sie es bisweilen, um Unerfüllbares zu bitten – dank ihrem verwegenen Glauben wurde sie jeweils erhört. In dieser Hinsicht hat sie auch ihrem jüngeren Bruder manches beigebracht. Herr, gib ihrer Seele die Ruhe, die sie mir so oft schenkte. Die Verstorbene hätte *vor* ihrem Bruder den geistlichen Stand wählen sollen. Doch auch hier bewahrheitet sich das Wort: „Der Herr ist ein eifriger Gott" (vgl. Ex 20, 5). Danke, daß Du mir einige Einzelheiten über ihr Hinscheiden mitgeteilt hast. Ich danke auch den lieben, nahen, teuren Menschen aus Dmitrow. Ich trage sie in meinem Herzen, sind sie doch mein erster Weingarten, der Frühling meines Bischofsamtes, meine ersten Blumen. Unter ihnen bewegte ich mich wie auf Flügeln und verspürte nie Müdigkeit. Nicht aus Pflicht, sondern aus Freundschaft bitte ich Dich, meine Freude: richte es irgendwie ein, daß auf dem Grabe Anna Iwanownas ein Kreuz errichtet werde, das die Inschrift trage, die ich seinerzeit in Dmitrow für

mich selbst vorbereitet hatte. Da meine Schwester mir nun vorausgegangen ist, gelte ihr diese Inschrift:
Jetzt hab' ich der Ruhe viel und Linderung,
denn der Fäulnis bin ich ledig
und verneige mich vor dem Leben:
Ruhm sei dir, o Herr!

Überbringe meinen Segen Deiner Mama: ihre Ikone der „Schnellen Erhörung" wird sie nicht im Stich lassen. Richte Schurenjka meinen Segen, mein Mitleid und meine Gebete aus. Es behüte Euch alle der Herr im Trost seiner alles befriedenden Gnade.

14. Aug. a. St. 1923 BS
Dorf Wisinga, Gebiet Syrjansk.

Töchterchen, mein Kindchen in Christus!

Du denkst unrecht, und Du irrst Dich völlig, und damit beleidigst Du das Sakrament der Beichte. Versuch einmal, darüber nachzudenken:

1. Wenn ein mit eiternden Geschwüren und Schorf bedeckter Schwerkranker dem Arzt in aller Ausführlichkeit seine Krankheitsgeschichte schildert und ihm seine Wunden zeigt, nimmt doch der Arzt dadurch gewiß keinen Schaden, und der Patient wird sich auch kaum vor dem Arzt schämen. Im Gegenteil, den Arzt wird es schmerzen, wenn der Kranke ihm nicht sein ganzes Leiden offenbart.

2. Klagt und ärgert sich der Gärtner etwa, wenn seine Lieblingsblume, die er gehegt und gepflegt hat, unter seinen Augen aufzublühen beginnt, die faulen Blätter abstößt und sie durch neue und frische ersetzt?

Denk, mein diesmal sehr unkluges Kind, an das große Wunder und an das durch Christus wirkende Geheimnis der Beichte: je mehr der Sünder seinem Beichtvater allen Schmutz, alles Gemeine und Unreine anvertraut, desto lieber, vertrauter, näher, schöner und wertvoller wird er dem geistlichen Vater. Erinnere Dich: „... und es jammerte ihn, (er) lief und fiel ihm um den Hals und küßte ihn" (Lk

15, 20). Siehe, das ist das Geheimnis der Beichte, das Wunder der Gnade Christi. Christus liebt den reuigen Sünder, und diese Liebe zum Sünder gießt er ins Herz des Beichtvaters aus. Anders denken hieße die Beichte mißverstehen. Dein Gefühl der Schwere nach der Beichte kommt 1. vom mangelnden Verständnis, 2. vom Hochmut. Lies dafür bitte dreimal aufmerksam das 15. Kapitel des Lukas; nach jedem Mal sollst Du fünf Verbeugungen machen und dabei das Jesusgebet sprechen. Dann wird das Bleigewicht aus dem goldenen Köpfchen meiner geliebten Tochter wie weggeblasen sein. Dein liebender Vater.

Wisinga, 24. X. 1924 (a. St.), am Fest der Muttergottes-Ikone „Freude aller Trauernden". Möge die „Freude aller Trauernden" Dein Herz erfreuen und ergötzen! T. habe ich kein Schreiben für Dich mitgegeben, da ich unter großen körperlichen Beschwerden litt: Das Herz versagte seinen Dienst, und ich begann zu ersticken. Das kommt vor. Ich glaube, ich habe Dir meine Meinung über die Krankheiten schon dargelegt: Durch sie erschüttert der Geist die Mauern seines Gefängnisses, zerstört es, um es dann um so leichter verlassen zu können. Der Mensch ist ein Geheimnis, und ein Geheimnis ist sein Leben. Ein Geheimnis ist auch sein Eintritt ins Leben und sein Auszug daraus. Wie nah ist jene Welt ohne Krankheit, ohne Leid und ohne Seufzen! (Vgl. das Stillgebet des Priesters im russisch-orthodoxen Totenamt: „Gewähre, Herr, Deinen entschlafenen Dienern die Ruhe an einem hellen, anmutigen und ruhigen Ort, wo nicht Krankheit noch Leid noch Seufzen ist"; Anm. d. Ü.) Wir sind ihm und er ist uns näher als eine oder anderthalb Werst (russ. Längenmaß; Anm. d. Ü.). Schon die bescheidenste Vertiefung ins Gebet, in sich selbst, läßt uns das Schweigen jener Welt, ihre Unaussprechlichkeit und unerschütterliche Stille, ihre verborgenen Stimmen und unausgesprochenen Worte erfahren. Und der tausendäugige Sternenhimmel, kündet nicht auch er vom Jenseits? Wahrlich, nah, ganz nah ist es, zum Erschaudern nah. Mit Christus ist es Licht, ohne ihn aber – schreckliche Finsternis.

Es hat mich sehr gefreut, daß Du die Hymnen des heiligen Symeon auch zum Andenken an ihren Übersetzer aus dem Griechischen liest, den Hieromönch Panteleimon und jungen Professor der Moskauer Geistlichen Akademie, meinen unvergeßlichen, geliebten Freund. Auf die Hymnen war er in Handschriften auf dem Athos gestoßen. Es hat ihn manche Mühe gekostet, sich in diesen griechischen Manuskripten zurechtzufinden. Seine Askese entkräftete ihn, und er brannte vor dem Herrn nieder wie eine Kerze. Ich liebte ihn, diesen strengen Mönch – ich hatte selbst dazu beigetragen, daß er Geistlicher wurde. Man nannte ihn „Mylij – mein Lieber", wobei man seinen ukrainischen Akzent nachahmte. Er starb den Tod eines Heiligen – auf dem Athos, wohin er aus gesundheitlichen Gründen gefahren war. Als er in der Akademie diese Hymnen niederschrieb, lud er mich öfters ein, mir diese oder jene bemerkenswerte Stelle anzuhören, und sagte dabei: „Da, mein Lieber, hör zu ...", und las mir mit großer Demut und mit engelgleichem Gesicht einen Abschnitt vor, meditierte über ihn, besprach ihn mit mir und vergaß darüber alles auf Erden ...

Der Herr erhalte Dich in den Gefühlen und Gedanken der segensreichen Hymnen des heiligen Symeon. Mit der nächsten Post wirst Du die Antworten auf die durch T. geschickten Fragen erhalten. Überbringe Deiner Mama meinen Segen. Beschütze sie allseits. Meinen Segen spende ich auch allen meinen Getreuen. Ich bin jetzt gesund. Zwei der Unsrigen, Snamenskij und Pojkov, haben die bedingte Entlassung bekommen.

Bleibe stark, bete öfter zur Allerreinsten Gottesmutter. Können wir uns denn noch fürchten, wenn wir eine solche feste Mauer und einen solchen Schutz haben? Bitte sie um Reinheit. Sie und nur sie wird sie Dir geben. Ohne sie wirst Du nichts erhalten.

Zu Deinem Namenstag wünsche ich Dir Friede, Freude, Ruhe, Trost und das Licht des Abendmahls.

Die Weisheit Deiner Heiligen erfülle Deinen Verstand, wie geschrieben steht: „Der Anfang der Weisheit ist die Furcht des Herrn." Sie möge Dich ganz starr machen, diese Furcht, und all Deine Glieder so fesseln, daß du Dich nicht mehr regen noch rühren kannst. Der Herr ist nah und sieht durch Dich hindurch. „Wandle vor mir und sei fromm" (Gen 17,1), sagt der Allessehende.

Die Schönheit der Jekaterina (= Katharina vom Sinai) dringe in Dein Herz ein, wie geschrieben steht: „Selig die reinen Herzens sind, denn sie werden Gott schauen." Der Reichtum Deiner Heiligen bereichere Deinen Willen mit allen Arten von guten Taten in Christi Namen. Segne von mir Deine Mama und Marussja. Wie geht es Schura? Wenn es sehr sumpfig ist, zieht man das Bein kräftig an und marschiert weiter, um nicht vollends steckenzubleiben. Der Herr stehe bei. (Unterschrift)
24. Nov. (a. St.) 1924

Brief an die geistlichen Kinder aus der Verbannung

Allen meinen im Herrn Christus Jesus geliebten Kindern, deren Namen ich in meinem Herzen trage, sende ich Gnade und Gottes Segen. Ich lege einen langen und beschwerlichen Weg zurück mit vielen Etappen und ermüdenden Wartepausen. Doch diese ganze Reise von Melenki nach Moskau, von Moskau nach Alma-Ata, von Alma-Ata nach Uralsk und die noch bevorstehende von Uralsk nach Gurjew am Kaspischen Meer ist wunderbar und unvergeßlich. Es ist – kurz gesagt – der Weg der Wunder, die das Beten von 150 „Gegrüßet seist du, Maria" bewirkt. Bisweilen scheint es, der Herr habe mich absichtlich auf diese Reise geschickt, um mir vor Augen zu führen, was vor ihm das Gebet zu seiner Allerreinsten Mutter zu leisten vermag und wie wirksam der ihr im Glauben dargebrachte Gruß des Erzengels ist. Ich glaube und bekenne, daß ich, wie noch nie, auf dieser Reise die ganze Geborgenheit, den Schirm und Schutz dieses wunderbaren Grußes erfahren habe: „Gegrüßet seist du, Maria!" Diese Anrufung ebnete mir und meinen treuen Gefährten in den unwegsamsten Gegenden den Weg, erweichte oft böse Herzen, erschütterte und beschämte die unerweichten. Sie werden vergehen wie Rauch. (Zitat aus einem Abendgebet, das auch an Ostern gesungen wird: „Gott auferstehe, und seine Feinde mögen zerstieben, und die ihn hassen, sollen vor seinem Angesicht fliehen. Mögen sie vergehen wie Rauch ..."; Anm. d. Ü.]. Der Englische Gruß schenkte mir stets in tiefster Hilflosigkeit plötzliche und unerwartete Hilfe, und zwar von Seiten, wo dies durchaus nicht zu erhoffen war. Vom inneren Frieden in Stürmen, von der inneren Harmonie bei äußerem Chaos spreche ich schon gar nicht – auch dies hatte ich dem Mariengruß zu verdanken. Gottes gerechten Zorn wendet er von unserem Haupte ab und hebt selbst das Urteil des Richters und Herzenkenners auf. O große Verwegenheit! O gewaltiger Beistand! Dem Feuer der Leidenschaften entreißt er uns und hebt uns aus den Tiefen des Sündenfalls zum Himmel empor.

So umgebt Euch denn öfter und eifriger, meine lieben Kinder, mit dieser festen Mauer, mit dieser unverwüstlichen Einfriedung: „Gegrüßet seist du, Maria, voll der Gnade!" Mit diesem Gebet werden wir nicht zugrunde gehen; im Feuer werden wir nicht verbrennen und im Meer nicht ertrinken. Und wenn Satan, der uns haßt, sich uns in den Weg stellt und uns zu Fall bringt, senden wir den Gruß des Erzengels zum Himmel und richten uns auf. Von der Sünde umnachtet, werden wir rein und weiß werden wie Schnee, und die Reinheit wird „höher als der Himmel und heller als der Sonne Klarheit" sein. Tot, von den Leidenschaften erlegt, werden wir auferstehen, aufleben und in geistlichem Entzücken ausrufen: „Christus ist auferstanden! Er ist wahrhaftig auferstanden!"

Bischof Seraphim.

„Ihr werdet sehen mit den Augen des Herzens"

Briefe eines unbekannten Priesters
aus dem Exil an die geistlichen Kinder*

Es ist nicht gelungen, den Namen des Autors dieser Briefe zu eruieren; ebenso ist unbekannt, in welcher Kirche er als Priester tätig war. Aller Wahrscheinlichkeit nach kam er, wie so viele verhaftete und verschickte Priester, in den zwanziger oder dreißiger Jahren um. Seine großen geistlichen Fähigkeiten, die in diesen bemerkenswerten Briefen an die Pfarrgemeinde zum Ausdruck kommen, berechtigen zur Hoffnung, daß der Herr seinem Diener, dem Priester Sergius, Gnade schenken und seine Seele im Reich der Gerechten ansiedeln wird.

Erster Brief

Lob sei Gott für alles. Am Tage der Ikone der Gottesmutter von Kasan, am Ende der Frühliturgie, begann unsere erste „Untersuchung im Spital". Am Tag des heiligen Theodor Studites schickte man uns in den „Kurort". Ich sehe darin ein großes Zeichen Gottes für uns alle: Die Muttergottes hat den Beginn dieser Unternehmung gesegnet, der Heilige die Richtigkeit unseres Wegs bestätigt. Seid nicht betrübt, sondern freut euch, denn in den Prüfungen bleiben wir nicht ohne die Hilfe des Himmels. Um so weniger sollt ihr meinetwegen betrübt sein: Der Herr ruft mich zum „Dienst eines Menschen am einen Gott" auf. Das ist in gleichem

---

* Aus „Nadjeschda" Nr. 6

Maß für mich wie für Euch unabdingbar, da mein ganzes Leben in Euch ist und ohne Euch keinen Sinn hat. Seid auch um Eurer selbst willen nicht betrübt, denn Euch verbleibt noch das Großartigste, dessen viele, darunter auch ich, beraubt sind: der Gottesdienst in der Kirche. Euch gebe ich als meinen Kindern und Freunden mein Vermächtnis: Behütet den Gottesdienst, behütet Eure Priester, die im Geiste mit Euch verwandt und mit dem Väterchen durch die enge Bande der Nachfolge verbunden sind. Sucht nicht eine normale geistliche Führung; die Zeit steht nicht danach. Ihr werdet auch keine finden, und falls ihr welche findet, so nur für einen Augenblick. Richtet Euch aufeinander ein, lehrt voneinander, stärkt und tröstet einander. „Einer trage des andern Last, so werdet Ihr das Gesetz Christi erfüllen." Denkt daran, daß ihr vielleicht ganz ohne Priester bleiben werdet. Die außerordentliche Lage (Erhaltung der Geistlichen und Gefaßtsein auf weitere Prüfungen) zwingt mich, Euren Vater, Euch dazu aufzurufen, zeitweilig weniger häufig zur Beichte und zur heiligen Kommunion zu gehen. Einen anderen Ausweg gibt es nicht – nehmt dies als den Willen Gottes an. Gewöhnlich empfingt Ihr die Sakramente zweimal pro Monat und an den Festen; jetzt soll es nur noch einmal monatlich und an hohen Festtagen sein. Bereitet Euch sorgfältig auf die Tage vor, an denen Ihr zur heiligen Kommunion schreiten werdet. Dies wird Euch eine neue, noch nie verspürte Freude schenken. (...) Vertraut mir, beichtet bei jedem Priester, der bei uns dient; haltet Euch die jetzige Zeit vor Augen. Betet für mich. Wie freudig ich meine Verbannung auch auf mich nehme, bin ich doch ein Mensch und kann hier die Feiertage und besonders die Freitagabende und die Sonntage nicht ohne Tränen und Erregung erleben. Betet für mich an jenen „meinen Tagen", wie Ihr bisher gebetet habt. Eure Gebete spürte ich. Bittet für mich den Herrn, daß Er mir die Kraft gebe, mich um Euretwillen und mit Eurer Befugnis neu in seinen Dienst zu stellen. Ihr seid alle in meinem Herzen, Ihr seid mir nähergekommen und lieber geworden. Vergebt mir alles Böse, was ich in unserem gemeinsam gelebten Jahrzehnt getan habe. Ich überantworte Euch alle der Gottesmutter, unseren Heiligen und Euch einander. Von ganzem Herzen beglückwünsche ich Euch zur bevorstehenden Feier der Geburt Christi.

Es behüte Euch der Herr durch die Fürbitten seiner allreinen Mutter, durch die Fürsprache der heiligen Engel, unserer heiligen Väter Nikolaus, des wundertätigen Erzbischofs von Myra, der Moskauer Bischöfe Petr, Alexios, Jonas, Philipp und Hermogen, der Heiligen Sergius von Radonesch, Theodosius von Totjma, Theodor Studites, des Gottesmenschen Alexios. Es segne Euch der Herr durch seine Gnade und Menschenliebe, jetzt und immerdar und von Ewigkeit zu Ewigkeit, Amen.

Zweiter Brief

Nicht mehr ich, Euer Vater, sondern andere Priester geleiten Euch, meine Kinder, nun in die heiligen Großen Fasten. „Ich weiß, Herr, daß der Weg des Menschen nicht in seinem Willen liegt und daß es nicht in der Macht des Wanderers steht, die Richtung seiner Schritte zu bestimmen" – und doch sehnte ich mich als Mensch gerade danach, diese Fasten, die Fasten meines erneuerten Priesterseins, wenn das Menaion sich mit dem Triodion* verflicht, wie im Jahr meiner Weihe in meiner Bußfamilie zu verbringen. Fühlt Ihr, meine Lieben, wie ich im Geist zu unserem Gotteshaus strebe und wie es abends, morgens und mittags meine Seele zu jedem von Euch hinzieht? Mit Euch hat der Herr mich vereint. Ich bin unwürdig und sündiger als alle, aber ich bin ein Seelsorger, und mein Herz verzehrt sich in der Tren-

---

* Menaion: gottesdienstliches Buch für die unbeweglichen Feste des Kirchenjahres, enthält u. a. die Heiligenviten. Triodion: Liturgisches Buch der Grossen Fastenzeit einschließlich der Karwoche. (Anm. d. Ü.)

nung von Euch. Ihr seid mein Odem, mein Leben, meine Freude. Ihr verdeckt mir den Herrn nicht, sondern Ihr zeigt ihn mir; Ihr entfernt ihn nicht, sondern bringt ihn mir näher. Durch Euch habe ich den Herrn erkannt, in Euch hat er sich mir offenbart; mit Euch und von Euch beauftragt, erhob ich meine Gebet zu ihm. Euch dienend, diente ich ihm, sah Eure nach dem Ebenbild Gottes geschaffene Schönheit, erhob mich zu seiner unaussprechlichen Güte. Ich kannte Eure Sünden und beweinte meine Verfehlungen, sah Eure Besserung, schämte mich vor ihm und erbat von ihm Hilfe zur Besserung meines sündigen Lebens. Kurz, manche Jahre hindurch schritt ich über Euch und mit Eurer Hilfe ihm entgegen. Ihr seid mein Weg zu Christus. Wie soll ich jetzt weiter diesen Weg gehen? Mit Tränen in den Augen bete ich: „Es geschehe, Herr, dein Wille auch an mir Sünder." Vergeßt mich nicht. Erinnert Euch dessen, was ich – wenn auch unwürdig – Euch gelehrt habe. Bewahrt allem voran die Einheit des Geistes und den Bund des Friedens. Bedenkt, daß auch Euch, die Ihr vorläufig noch in die Kirche eingeht, die Gesänge des Auszugs bevorstehen. Jeder soll an seine Aufgabe zurückkehren und das Trennende vergessen: vereint Euch im Auszug! Gar vieles kann mit Euch geschehen – das Ende krönt das Werk. Wascht und reinigt Euch und ziehet aus in Eintracht. Erleichtert mein Kreuz durch die Freude Eurer Buße. Ich habe sie Euch gelehrt, so gut ich es vermochte – und sei es auch unwürdig –, und der freudigste Tag war für mich stets der Beginn der Fastenzeit, der Tag von Adams Sündenfall. Betet für mich an diesem großen Tag, bittet an meiner Stelle auch das Väterchen um Vergebung. Ich glaube daran, daß es auf Erden keine räumliche Entfernung gibt. Christus hat die Kraft, auch das Auseinanderliegende zu vereinen. An jenem Tag werden wir im Geiste beisammen sein, und Ihr werdet beim Verlassen der Kirche vor meinen Heiligen niederfallen, vor meinem Engel, dessen Gehilfen und vor meinem Schutzpatron, und Ihr werdet sie alle bitten, Eure Reue anzunehmen. Der Herr aber wird mein Gedächtnis erneuern, und ich segne von hier aus jeden. Ihr jedoch werdet dann dem Euch zu Füßen fallenden und um Verzeihung bittenden sündigen und unwürdigen Priester Sergius, Eurem Vater, die Sünden vergeben (...)

Dritter Brief

Zusammen mit der ganzen Schöpfung frohlocke ich und freue mich in dieser errettenden Nacht: Christus ist auferstanden und hat die Hölle bezwungen. Voll österlicher Freude wende ich mich unserer blumengeschmückten, lichtvollen und von Eurem Freudengesang erfüllten Kirche zu und segne Euch, meine geliebten Kinder und lieben Waisen, wie ehedem mit dem heiligen Kreuz und rufe aus voller Seele: „Christos woskresse – Christus ist auferstanden!"

Anders feiere ich Ostern jetzt: In der Einsamkeit wie ein großer Sünder erlebe ich die Freude der Auferstehung tiefer, doch fehlt mir die Erfüllung meines Hirtenamts, die ich sonst an diesem Tag erfahren durfte. Deshalb stöhnt mein Herz und tränen mir die Augen. Ostern ist gekommen, Ihr aber, meine Kinder, seid nicht bei mir. Nicht alle können mich darin verstehen, Ihr aber schon. Ich spüre, wie auch manchen von Euch jetzt die Tränen in die Augen steigen. Ja, wie sollten wir an diesem Tag nicht übereinander weinen? Wir bilden eine Familie nicht nur im Büßen, sondern auch im Gottesdienst; ich bin nicht nur Euer geistlicher Vater, sondern auch der Vorsteher Eurer Kirche, und Ihr seid nicht nur meine Kinder, sondern auch Mitdienende. Unsere Seinsfülle ist die einer büßenden und Gottesdienst feiernden Familie. Weder in mir noch im Gottesdienst kann ich das Meine von Euch trennen – alles ist verflochten zu einem neuen Organismus, der gemeinschaftlich den Dienst einer geistlichen Familie vollzieht. Ich habe durch Euch gelebt und Ihr durch mich, wir alle – durch die Gottesmutter, unsere Heiligen und unser Väterchen seligen Angedenkens – in Christus. Kann man uns denn zerteilen? Sagt, wo ist mein Mund, wo Eurer, wo mein Herz und wo das Eure; was ist in unserer Kirche durch mich geschehen und was durch Euch? Was ich für Euch war, möge jeder in seinem Herzen sagen; von Euch sage ich jedenfalls: Ihr seid mein Mund, durch Euch sandte ich in der Liturgie meine sündigen Gebete zum Himmel. Ihr seid mein Herz: jahrelang legtet Ihr Eure Geheimnisse in mich, und ich weiß alles, was ich in meinem unwürdigen Herzen bewahrte. Jetzt ist es durch Eure Herzen erweitert worden, und zwischen den Euren und dem meinen zu unterscheiden ist unmöglich. Ihr seid meine Seele: lange schon lebe ich durch Eure Freude und durch Eure Trauer; in den schönsten Augenblicken fühle ich, daß kein anderes Leben in mir ist. Jetzt hat man mir Mund und Herz genommen und die Seele geraubt. Wie soll ich denn nicht einsehen, daß unser natürlichster Bund auf Gottes Geheiß um unserer und vor allem um meiner Sünden willen nun räumlich zerrissen ist?

In Trauer über Euch beweine ich an diesem großen Tag meine Sünden und entdecke so den österlichen Gottesdienst neu. Bisher war er der Gottesdienst des Paradieses; jetzt kommt die Möglichkeit der Buße und Reue dazu. Meine Kindheit und Jugend sowie die ersten Jahre als Priester verbrachte ich mit dem Väterchen. Durch ihn lernte ich Ostern in mir aufzunehmen. Väterchens Gottesdienst, der überhaupt ungewöhnlich war, da er den üblichen Rahmen der Gesänge und Lesungen sprengte, wurde an Ostern jeweils zu einem besonderen Ereignis. Die Liturgie erreichte bei all ihrer Einfachheit eine solche Tiefe und Ausdruckskraft, daß sie uns gleichsam entzündete, erschütterte und ungemein rührte. Unsere heutige Art, die Liturgie zu feiern, ist bloß ein schwacher Abglanz von Väterchens flammender Seele. Wißt Ihr noch, wie er Euch den Osterkuß gab, wie er das Evangelium las und die Osterhomilie von Johannes Chrysostomos vortrug? Schon als Kind beeindruckte mich, wie er den Oster-Oikos sang. Ohne zu verstehen warum, erwartete ich den Oikos mit ebensolcher seelischer Ergriffenheit wie das erste „Christos woskresse", die Homilie und das Evangelium. Diesen Oikos sang das Väterchen so, daß er in seinem Gesang selbst den Sinn offenbarte und die Bedeutung dieses oder jenes Ausdrucks unterstrich. In der Freude und im Frohlocken dieser Nacht ging er plötzlich gleichsam in sich, und ich spürte, daß er innerlich weinte und schluchzte, als er zu den Worten kam: „O Herrscher, erstehe, gib den Gefallenen Auferstehung." Wen beweinte er? Den Erlöser? Nein – jetzt weiß ich es: sich selbst, den Gefallenen ...

Der Oikos ist ein besonderer Reuegesang mitten im Jubel des Osterkanons. Der wichtigste Teil des Kanons, das Kontakion, offenbart den zentralen Sinn eines Festes, und der Oikos stellt eine Ergänzung und eine Vertiefung dazu dar. Und hier plötzlich ist es so: Das Kontakion bekräftigt Christi Auferstehung als den Sieg über den Tod. „Da du ins Grab gestiegen bist, Unsterblicher, aber die Grabesgewalt zerstört hast und auferstanden bist als Sieger, Christ, o Herr, und den myrrhetragenden Frauen verkündet hast: ‚Freuet euch', schenke auch deinen Aposteln den Frieden, und gib den Gefallenen die Auferstehung." Der Oikos aber, anstatt die Freude der Auferstehung zu vertiefen, führt uns zurück zur Beweinung des toten Christus: „O Frauen! Kommt, laßt uns den lebenspendenden und begrabenen Leib, den Körper des im Grabe liegenden gefallenen Adam, der auferstanden ist, mit Spezerei salben. Gehen wir, eilen wir wie die Weisen aus dem Morgenland, und verneigen wir uns, und bringen wir Myrrhe dar als Geschenk dem nicht in Windeln, sondern ins Leichentuch Gebundenen, und rufen wir weinend: O Herrscher, erstehe, gib den Gefallenen Auferstehung!" Gehört denn dieser Gesang in den Hauptteil der Ostermatutin? Das ist etwas, was außerhalb der üblichen gottesdienstlichen Gesetzmäßigkeiten liegt. Wie kann man denn weinen, wenn der Engel schon gesprochen hat: „Hört auf zu weinen"? Wie zu ihm beten „Erstehe", wenn er schon von den Toten auferstanden ist? Nur die Seele des wahrhaft Reumütigen erfaßt diesen merkwürdigen und prächtigen Gesang. Es frohlockt und freut sich jetzt Zion, und alle betreten es in Brautgewändern, um zusammen mit Johannes von Damaskus und den anderen Heiligen dem Bräutigam, dem auferstandenen Christus, zu begegnen.

Auch in meinem Innern hebt Freude an und erstrahlt Licht, doch mein Gewand ist schwarz und zerrissen. Herr, noch bin ich nicht gefesselt und ausgestoßen von den Engeln; noch bin ich mit ihnen im Paradies. Doch sehe ich selbst ein, wie mein erstes Gewand zerrissen ist. Ich kann hier noch Buße tun, ich schaue die Seligkeit der Gerechten und sehe, daß Christus für sie auferstanden ist. So weine ich denn und rufe zusammen mit den myrrhetragenden Frauen aus: „Herrscher, erstehe auch für mich, und gib mir Gefallenem die Auferstehung."

Der triumphale Höhepunkt des Jahreskreises – das Oster-Kontakion – geht in den Höhepunkt der Reue über – in den Oster-Oikos. Dieser ist ein Brennpunkt, der mitten im Jubel des himmlischen Jerusalem die ganze Reue der Fastenzeit in sich vereinigt und nun seinerseits das Licht der Reue von Zion herab über den ganzen weiteren gottesdienstlichen Jahreskreis ausgießt. Ein Reueruf unterbricht die Osterhymnen, ein Ruf, der bis in die Tiefe des reumütigen Herzens dringt, so daß darin das Paradies schaubar wird. Als sei es zum ersten Mal, vernehme ich jetzt, in diesem Augenblick, die Worte der Bittlitanei: „... Verzeihung und Nachlaß unserer Sünden und Verfehlungen ..., daß wir die restliche Zeit unseres Lebens in Frieden und Buße vollenden ...; ein gutes Bestehen vor dem furchtbaren Richterstuhl Christi ... lasset uns erflehen vom Herrn." Tränen, Reuetränen ersticken mich, aber in meiner Seele wächst die Freude darüber, daß er auferstanden ist – nicht nur er, sondern auch ich, der Gefallene.

Vierter Brief

Meine Väter! Trennt Euch um des Herrn willen nicht voneinander, alldieweil jetzt, in einer unheilschwangeren Zeit, wenige zu finden sind, mit denen ein aufrichtiges Wort gesprochen werden kann (Fedor von Swir).

Meinen Kindern, den vereint gebliebenen und den zerstreuten, sende ich am Tag des heiligen Sergius, dem Fest unserer Familie, Gottes Segen. Nie werde ich unsere gemeinsam verbrachten Gedenktage meines Namenspatrons vergessen. Jene Tage werden mir stets als Tage größter seelsorgerischer Freude und tief empfundener ebensolcher Trauer gegenwärtig bleiben. Das magere Rinnsal meiner Liebe rann im Lauf eines Jahres kaum bis zu Euch; Ihr aber, meine Lieben, erfülltet mich in jenen Tagen mit einem mächtigen Strom von Herzensgüte. Sorgsam behütet, wärmt sie auch jetzt noch mein in der Einsamkeit erkaltendes Herz. Wie danke ich heute dem Herrn, der Euch meinen Lebensweg hat kreuzen lassen. Ich weiß noch, wie ich Euch ansah, die Ihr von überall herbeigeströmt wart: So viele von Euch besitzen Glaubensgaben und schreiten in diesem Tun fort. (...)

„Siehe, manches ist gut und schön, aber einer Gemeinschaft, die in Eintracht lebt, verspricht Gott das ewige Leben." In meiner Seele erhielten die Worte des Gradualverses des heiligen Theodor Studites einen besonderen Sinn. Es nahen die Stunden, welche wir gewöhnlich zusammen verbrachten. Doch verwaist ist die Familie und einsam der Vater. Heute werdet Ihr nicht kommen, und ich werde Euch nicht sehen und Euch meinen väterlichen Segen nicht erteilen können. Ich verneige mich vor Euch bis zur Erde, dankend für die Fülle des Hirtenamtes, die Ihr mir durch Eure Liebe schenktet. Ihr befolgtet Gottes Gebot und saht über meine geistliche Kleinheit hinweg, verhülltet geduldig meine Schwächen. Es erfülle sich an Euch des Gebotes Verheißung: Wohl ergehe es Euch, und lange möget Ihr auf Erden leben. In den Tagen der Seelenangst um das Gotteshaus und um die mit mir Gottesdienst feiernden Kinder kamen mir die Zeilen des Starzen Amwrosij über das Kreuz im Leben des Menschen unter die Augen.* Meinem trauernden Herzen spendeten sie großen Trost; ich will sie Euch wiedergeben, meine Lieben: Gott schafft kein Kreuz (d. h. läuternde seelische und körperliche Leiden) für den Menschen. So schwer das Kreuz für diesen oder jenen Menschen auch sein mag: der Baum, aus dem es gemacht ist, wächst stets auf dem Boden seines Herzens. Auf sein Herz weisend, fügte der Starez hinzu: „Der Baum steht an der Quelle, wo das Wasser (die Leidenschaften) brodelt." „Wenn der Mensch", sagte er auch, „den geraden Weg geht, gibt es auch kein Kreuz für ihn; verläßt er ihn jedoch und beginnt er, sich einmal auf diese, einmal auf jene Seite zu werfen, tauchen Umstände auf, welche ihn wieder auf den geraden Weg stoßen. Und diese Stöße sind es, die für den Menschen das Kreuz ausmachen. Es gibt ihrer natürlich verschiedene – jeder hat dasjenige, welches er braucht." Diese goldenen Worte möchte ich jedem von Euch ins Herz schreiben, meine Lieben. Tragt sie in Euch, faßt Euren Geist oft in sie ein, und sie werden in Euer Gewissen übergehen. In ihm, dem häuslichen Gericht, werdet Ihr erkennen, warum auf dem Boden Eurer Herzen Euer persönliches Kreuz gewachsen ist und welche Quellen die Leiden in unserer Bußfamilie verursacht haben. Nun ist es schon bald ein Jahr, daß Euer Vater keine göttliche Liturgie mehr feiert und von Euch getrennt ist.

Unser Herr Jesus Christus, der uns zu retten auf Erden gekommen ist, hatte selbst eine gottesdienstliche Bußfamilie: seine Apostel. Mit ihnen betete er, sie belehrte er, mit ihnen ging er nach Jerusalem seinen Leiden entgegen, mit ihnen schließlich feierte er das größte Sakrament des Neuen Bundes, das Letzte Abendmahl. Die vom Herrn berufenen

---

* Amwrosij (A. M. Grenkow), 1812–1891. Berühmter Mönch, Starez des Klosters Optino. Menschen jeden Alters und Standes aus ganz Rußland suchten bei ihm geistlichen Rat. Er diente Dostojewskij als Vorlage für den Starzen Sossima in den „Brüdern Karamasow". (Anm. d. Ü.)

Apostel waren mit seiner Person verbunden, traten indes auch bald untereinander in Beziehung. Welche Unterweisung gab er ihnen hierfür? Sie sollten ihre „Familie" als göttlich und von Gott gesandt ansehen: „Nicht für die ganze Welt bitte ich, sondern für die, welche du mir gegeben hast, denn sie sind dein." Sie sollten eins mit ihr sein: „Heiliger Vater, erhalte sie in deinem Namen, den du mir gegeben hast, daß sie eins seien gleich wie wir" (Joh 17,11).

In der Liebe: „Ein neues Gebot gebe ich euch, daß ihr euch untereinander liebet, wie ich euch geliebt habe, auf daß auch ihr einander lieb habt. Dabei wird jedermann erkennen, daß ihr meine Jünger seid, so ihr Liebe untereinander habt" (Joh 13,34–35).

Im Dienen: „Ihr heißet mich Meister und Herr, und sagt recht daran, denn ich bin's auch. So nun ich, euer Herr und Meister, euch die Füße gewaschen habe, so sollt ihr auch euch untereinander die Füße waschen. Ein Beispiel habe ich euch gegeben, daß ihr tut, wie ich euch getan habe" (Joh 13,13–15). „Der Größte unter euch soll sein wie der Jüngste, und der Vornehmste wie ein Diener" (Lk 22,26). Im Verlangen, stets mit der Gemeinschaft zu verweilen, jetzt und in Zukunft: „Vater, ich will, daß, wo ich bin, auch die bei mir seien, die du mir gegeben hast..." (Joh 17,24). Das Empfangen seiner geistlichen Familie aus Gottes Hand, eins sein mit ihr, in Liebe und Demut in ihr verweilen, und als Krönung das Verlangen, stets in Gemeinschaft mit ihr zu leben, sind die Grundlagen des uns von Christus gebotenen Weges. Diesen Weg gingen auch die Großen. Moses erhält seine „Familie", das Volk Israel, aus der Hand Gottes. Er verläßt es auch dann nicht, als Gottes strafende Rechte sich wegen der Anbetung des Goldenen Kalbs zu Israels Zerstörung erhebt. Bis ans Ende dient er seinem Volk, da er fühlt, daß es ohne ihn sich nicht mit Gott vereinen könnte. „Nun vergib ihnen ihre Sünde; wo nicht, so tilge mich auch aus deinem Buch, das du geschrieben hast" (Ex 32,32).

Paulus, zur Schaffung der neuen Familie der „Heidenvölker" im Herrn aufgerufen, hütet in seinem Herzen auch die erste Familie, die ihm Gott geschenkt hat – Israel. Er leidet für es und erreicht im Dienst an ihm eine solche Größe, daß er für seine Rettung selbst von Christus getrennt zu sein bereit ist: „Ich sage die Wahrheit in Christo und lüge nicht, dessen mir Zeugnis gibt mein Gewissen in dem Heiligen Geist, daß ich große Traurigkeit und Schmerzen ohne Unterlaß in meinem Herzen habe. Ich habe gewünscht, verbannt zu sein von Christo für meine Brüder, die meine Gefreundeten sind nach dem Fleisch; die da sind von Israel ..." (Röm 9, 1–4).

(...) Beim Herrn wird kein abgesondertes Leben mehr sein, dort werden sich in des Herrn Gemeinde alle sammeln, die ihm irgendwann und irgendwo auf Erden gedient haben. Dort in Eintracht zu leben, will schon hier gelernt sein. Von der Vereinigung mit der geistlichen Familie, der Liebe zu ihr, dem Dienst an ihr und dem Verlangen, stets gemeinsam mit ihr zu leben, ist die Rede in einem Troparion, das der heilige Theophan dem Märtyrer Theophan dem Bezeichneten widmet: „Einen Gesang dem Herrn darbringend, o Vater, bete ohne Unterlaß auch für meine Schwachheit, für die in Gemeinschaft mit mir Lebenden, für meine Brüder, auf daß wir nach einem gemeinsamen Leben auch gemeinsam Gott erlangen."

Meine Kinder, auch unsere Familie ist von Gott: Nehmen wir sie aus den Händen des Allerhöchsten an? Sind wir mit ihr in Liebe vereint, dienen wir ihr auch? Betet zu Gott, bittet ihn, er möge Euch aus der Enge der Verschlossenheit befreien, und Euer Herz möge sich auftun. Aus der Beengtheit wird er Euch in den weiten Raum hinausführen. Ihr werdet alsdann nicht mit den Augen des Körpers, sondern mit den Augen des Herzens die vom Herrn um Euch gesammelten Kinder erblicken, Eure Familie auch, und in ihr die Euch am nächsten stehen. Und in Eurem Herzen wird ein Gesang anheben wie in dem meinen früher am Fest des heiligen Sergius: „Siehe, manches ist gut und schön, aber einer Gemeinschaft, die in Eintracht lebt, verheißt Gott das ewige Leben." Liebt die Familie und dient ihr, wie uns das Väterchen gelehrt hat.

Heiliger Vater Feodosij, heiliger Vater Pimen, heiliger Vater Feodor, heiliger Vater Sergius, heiliger Alexios der Gottesmensch: die ihr dem Herrscher euren Lobgesang darbringt, betet auch für meine Schwachheit, für die in Gemeinschaft mit mir Lebenden, für meine Brüder, auf daß wir nach einem gemeinsamen Leben auch gemeinsam Gott erlangen. Gottes Segen komme über Euch alle.

Fünfter Brief
Auf die Schließung der Kirche

Meinen leidenden Obdachlosen spende ich meinen Segen zum Eintritt in die Großen Fasten.

Ich spüre, daß Ihr schon lange auf ein Wort des Trostes von mir wartet, doch mein Mund hat sich verschlossen, und in mir selbst verzagt der Geist und verwirrt sich das Herz. Unser Himmel auf Erden ist uns zugesperrt worden. Wie soll man denn nicht weinen, wehklagen, trauern?

„Begürtet euch, und klaget, ihr Priester; heulet, ihr Diener des Altars; gehet hinein, und liegt in Säcken, ihr Diener meines Gottes, denn es ist beides, Speiseopfer und Trankopfer, vom Hause eures Gottes weg" (Joel 1, 13).

Die nach Gottes Ebenbild geschaffene Menschennatur zieht es in Freuden und besonders im Leiden zu seinesgleichen. „Es ist nicht gut, daß der Mensch allein sei; ich will ihm eine Gehilfin machen, die um ihn sei" (Gen 2, 18), hat der Schöpfer schon am Anfang der Menschheitsgeschichte gesagt. Auch unser Herr Jesus Christus sucht in seiner Todestrauer, als er im Garten Getsemani bis zum blutigen Schweiß zu seinem Vater betet und von einem Engel gestärkt wird, nach Art der Menschen Halt bei den ihm Nahestehenden, bei denen, die er liebt und mit denen er den Weg seines irdischen Dienens abgeschritten hat: „Meine Seele ist zu Tode betrübt. Wartet hier und wacht mit mir."

Sündig und kleinmütig, gestärkt von Euren Gebeten und

Eurem leidenschaftlichen Mit-Dienen im Gotteshaus, nun einsam und abgeschlossen, spüre ich meine Nichtigkeit und meine Beengtheit besonders stark. Zum Kummer über die Kirche kommt der Kummer über Euch und das Bewußtsein meiner großen Schuld vor jedem von Euch. In nichts fand ich Trost wie Hiskija: „Ich winselte wie ein Kranich und Schwalbe und girrte wie eine Taube; meine Augen wollten mir brechen: Herr, ich leide Not, linde mir's" (Jes 38, 14).

Ich weiß, daß Ihr für mich betet; Eure in dieser Trauer erhobenen Gebete sind zum Herrn gelangt, und er hat mir Sünder seine Gnade erwiesen. Die Reuegesänge haben auch mein verzagendes Herz berührt, und die Worte eines großen Asketen wiesen mein Leid in die nötige Richtung: „Wer die Versuchungen ohne Gebet und ohne Geduld besiegen will, wird sie nicht abwenden, sondern sich noch mehr in sie verstricken" (Asket Markus, ägyptischer Wüstenheiliger des 5. Jh.).

Mein ganzes Inneres ist auf den Herrn ausgerichtet. Er, er allein kann mir helfen, da er selbst Wunden zufügt und sie selbst wieder verbindet – er bestraft, und er heilt (vgl. Ijob 5, 18).

„Ich bin dein, errette mich." „Heile meine Seele, denn ich habe wider dich gesündigt." Und zur Antwort offenbarten sich mir die Worte des alten Weisen: „Gib dich nicht der Schwermut hin mit deiner Seele, und quäle dich nicht mit Trübsinn; manchen hat die Schwermut schon umgebracht, Nutzen aber hat sie keinen" (Sprüche des Sohnes Sirachs 30, 21–23).

„Verwalte dein Herz und sei fest in Zeiten der Heimsuchung; nimm alles, was dir widerfährt, gerne an, und übe Geduld in deinen wechselnden Demütigungen" (Ebd. 11, 24).

Durch Eure Gebete haben sich an mir die Worte des Psalmisten erfüllt: „Ich hatte viel Bekümmernisse in meinem Herzen; aber deine Tröstungen ergötzten meine Seele" (Ps 94, 19). Nun vermag ich mit seiner Hilfe auch an Euch

Worte des Trostes zu schreiben und so Euren Schmerz ein klein wenig zu lindern.

Das Gericht Gottes vollzieht sich an der russischen Kirche. Nicht zufällig nimmt man uns die sichtbare Seite des Christentums weg: Der Herr bestraft uns für unsere Sünden und führt uns damit zur Läuterung. Was sich jetzt abspielt, ist für jene, die der Welt leben, überraschend und unverständlich. Sie versuchen auch jetzt noch, alles auf äußere, außerhalb der Kirche liegende Gründe zurückzuführen. Denen jedoch, die Gott gemäß leben, ist alles längst klar gewesen. Viele russische Glaubensstreiter haben diese schreckliche Zeit nicht nur vorausgesehen, sondern auch darüber Zeugnis abgelegt.

Nicht im Äußeren haben sie die Gefahr für die Kirche erblickt. Sie sahen, daß die wahre Frömmigkeit sogar die Klöster verließ, daß der Geist des Christentums unmerklich schwand und bereits der schlimmste Hunger ausgebrochen war, der Hunger nach dem Wort Gottes; daß diejenigen die Schlüssel des Verstehens besaßen, welche selbst nicht eintraten und den Zugang versperrten, daß schließlich bei scheinbarem Wohlergehen das Mönchtum und später auch das Christentum in den letzten Zügen lag. Vergessen war und ist der Weg der aktiven Frömmigkeit, den die Väter des Altertums gingen und beschrieben. Verschwunden auch das Geheimnis des verborgenen Lebens und die Möglichkeit, es zu erlernen, denn „verlassen hat uns der Heilige, und die Wahrheit hat sich von den Menschensöhnen zurückgezogen". Nun hat die Verfolgung der Kirche von außen eingesetzt, und unsere Zeit erinnert an die ersten Jahrhunderte des Christentums. Der Moskauer Metropolit Philaret (1783–1867) wies in Gesprächen mit ihm geistig Nahestehenden oftmals darauf hin, in Rußland sei eine Zeit angebrochen, die den Christenverfolgungen der ersten Jahrhunderte gleiche, und er beweinte die Kinder, denen gemäß seinen Worten Schlimmes bevorstand. Das Ahnen unserer Epoche war besonders ausgeprägt bei zwei Bischöfen, die sich namentlich für die Auslegung von Gottes Wort einsetzten: Tichon von Sadonsk (1724-1783) und Ignatij Brjantschaninow (1807-1867). „Es gibt jetzt beinah keine echte Frömmigkeit, sondern nur Heuchelei" – so beurteilte Bischof Tichon den Zustand der damaligen Kirche. Er sagte das unmerkliche Abrücken der Kirche von den ihr gleichgültig gegenüberstehenden Menschen voraus, auf daß das Christentum als das Leben, das Sakrament und der Geist sich seinerseits nicht unmerklich von denjenigen Menschen entfernte, welche diese unschätzbare Gabe zu bewahren imstande waren. Ein Jahrhundert später spricht Bischof Brjantschaninow von der Lage des Mönchtums und der Kirche wie folgt: „Die äußere Form der christlichen Frömmigkeit wird mehr schlecht und heuchlerisch als recht gewahrt; der Kraft der Frömmigkeit haben die Menschen entsagt und sie verworfen. Man soll weinen und schweigen."

Im Mönchtum sieht er das Barometer des geistlichen Lebens der ganzen Kirche und legt ein Bekenntnis über dessen Zustand ab: „Man kann sagen, die Sache des orthodoxen Glaubens nähere sich ihrer entscheidenden Lösung. Der Verfall des Mönchtums ist bedeutend, das Geschehene unabänderlich. Einzig die besondere Gnade Gottes vermag der verheerenden moralischen Epidemie Einhalt zu gebieten – eine Zeitlang nur, denn das von der Schrift Prophezeite muß sich erfüllen."

„Mit zerknirschtem Herzen verfolge ich den unaufhaltsamen Verfall des Mönchtums, weist dieser doch auf den Verfall des Christentums schlechthin voraus."

„Die Zeiten sind je länger desto schwieriger: Der Geist des Christentums entfernt sich – unmerklich für die hastende und der Welt dienende Menge, durchaus wahrnehmbar für den auf sich Hörenden – aus der Mitte der Menschheit und überläßt sie ihrem Untergang. Dann fliehe, wer in Judäa ist, in die Berge."

Viele Glaubensstreiter des 18. und 19. Jahrhunderts erkannten an ihrer Zeit die Zeichen des nahenden Unglücks für die Kirche Christi. Man halte sich vor Augen, daß dies alles in Zeiten vollen äußeren Wohlstands gesagt wurde: Die Klöster existierten nicht einfach, sondern waren in bester Ordnung und Verfassung, ja es wurden neue gegründet; Kirchen wurden gebaut, bestehende vergrößert und neu ausgestattet, Heiligenreliquien zugänglich gemacht. Das russische Volk wurde als Hüter des reinen Glaubens und der echten Frömmigkeit gerühmt, und niemand dachte auch nur daran, daß die Kirche schwer litt und das Ende nicht weit sei. Anders die Menschen, welche das Reich Gottes erkannt hatten. Zerknirschten Herzens schauten sie um sich, und da sie in ihrer Umgebung kein Leben in Christus entdeckten, prophezeiten sie die Katastrophe. „Einzig die besondere Gnade Gottes kann sie eine Zeitlang aufhalten."

So geschah es denn auch. Wie ein Leuchter vor dem Verlöschen hell flackert, lebte auch die russische Kirche noch einmal kurz auf. Im letzten Jahrhundert ging das wahre Licht des christlichen Lebens in einigen Klöstern auf und sprang von da, wie zu Zeiten der Kiewer Mönche Antonij und Feodosij und des heiligen Sergius von Radonesch, auf die Welt über. Man fand zum längst vergessenen Weg der praktischen Gotteserfahrung zurück, den einst die Großen und die Größten gegangen waren.

Etliche Klöster, allen voran das Kloster Optino, sammelten, übersetzten, studierten und veröffentlichten die asketischen Werke der Kirchenväter, und auf der Grundlage der patristischen Gotteserfahrung wurde die ganze mönchische Praxis erneuert. Bischöfe wie Ignatij Brjantschaninow und Theophan der Einsiedler lasen die Kirchenväter nicht nur, sondern leisteten durch ihre auf persönlicher Erfahrung beruhenden Auslegungen auch selbst einen gewaltigen Beitrag an die geistliche patristische Literatur. Unverstanden, verlacht, angeblicher Neuerungen angeklagt, verteidigten die Mönche die patristische Lebenshaltung gegen ein verweltlichtes Christentum. Das Mönchtum gewann seinen Geist wieder, und das Feuer entzündete sich dort, wo vorher nur Glut geschwelt hatte. Die bislang mißachteten Werke der Kirchenväter wurden zu Handbüchern, Lehrer des Lebens wurden die Mönche der alten Einsiedeleien Ägyptens, Thebens, Palästinas und Syriens, und schließlich sprang die Flamme des tätigen Christseins von den Klöstern auf die Welt über. Manche Menschen zog es zu den erneuerten Klöstern, zu dem dort nun eingeführten Starzentum, und nahmen dadurch lebendigen Anteil an der asketischen Tradition. Auch Gemeindepriester besuchten die Mönche und erhielten von ihnen das Flämmchen der Kirchenväter auf den Weg, welches sie dann in ihre Kirchen trugen. Dadurch wurde auch die Predigt erneuert: Die Werke der Kirchenväter waren nun nicht mehr erbauliche Vergangenheit, sondern das Leben schlechthin. Die Welt kam dem Kloster näher; die Trennwand zwischen diesem und jener ward niedergerissen. Dem Gottesdienst der Gemeindekirchen wurde die Klosterregel zugrunde gelegt, und die Gläubigen nahmen regen Anteil daran. Die Buße wurde zur Lebensgrundlage: Bußfamilien entstanden, die unablässig in den Sakramenten geweiht wurden. Mit häufigem Kirchgang und täglicher Kommunion veränderte sich die Struktur des bisherigen Alltagschristentums grundlegend.

Seit den Zeiten des heiligen Sergius hatte die Kirche keinen solchen vitalen Aufschwung mehr erlebt, und es schien, als würde das geistliche Tun, das sich so schnell ausgebreitet hatte, unser ganzes Land erfassen.

Doch lenkte der Herr seine Kirche auf andere Wege – er, der selbst den Kelch des Todes getrunken hatte, bot auch ihr die läuternden Qualen des Kreuzes an. So besteigt sie jetzt, bespuckt, geohrfeigt, beschimpft, Golgatha und wird entblößt ans Kreuz genagelt. Vor ihren treuen Kindern tut sich der Weg des Bekennertums, des Märtyrertums und besonders der größten Leiden und Entbehrungen auf.

Den Abba Ischirion fragten einst Einsiedlermönche: „Was haben wir getan?", und er antwortete: „Wir haben Gottes Gebote eingehalten." Die Väter fragten weiter: „Was werden die tun, die unmittelbar nach uns kommen?" Er antwortete: „Sie werden nur ein halb so frommes Leben führen wie wir." Die Väter fragten wiederum: „Und die, welche nach ihnen kommen?" – „Diese", antwortete der Abba, „werden überhaupt kein mönchisches Leben führen, doch wird Unglück sie heimsuchen, und sie werden, von Unglück und Versuchungen geprüft, über uns und unseren Vätern stehen."

Großes Leid und ungeahnte Übergriffe sind das Los unserer Tage. In Buße und Überwindung der Heimsuchungen liegt der Sinn unseres Lebens. Der Raub der sichtbaren Seite des Christentums ist die größte aller Entbehrungen; Exil, Gefangenschaft und Zwangsarbeit sind nichts im Vergleich dazu. Diese Wegnahme der Kirchen hätte gemäß Gottes Wort durch die Buße abgewendet werden können: „Bekehret euch zu mir von ganzem Herzen, mit Fasten, mit Weinen, mit Klagen. Zerreißt eure Herzen und nicht eure Kleider, und bekehrt euch zu dem Herrn, eurem Gott, denn er ist gnädig, barmherzig, geduldig und von großer Güte, und es reut ihn bald der Strafe. Wer weiß, es mag ihn wiederum gereuen und einen Segen hinter sich lassen, zu opfern Speiseopfer und Trankopfer dem Herrn, eurem Gott" (Joel 2, 12–14). Doch wo vernahmen wir einen allgemeinen Aufruf zur Buße? Wo sahen wir die Bischöfe und Priester „weinen zwischen der Halle und dem Altar" und für ihr Volk beten (Joel 2, 17)?

Die diplomatischen Talente der Bischöfe stellte man über das Wort Gottes; an sie knüpfte man seine Hoffnungen, und darin suchte man sein Heil. Mit Lüge wollte man das Reich der Wahrheit retten.

Den Herrn aber lächert das, und er gießt seinen Zorn zur Gänze aus. Wird uns nicht vor unseren Augen „vom Hause unseres Gottes Freude und Wonne weggenommen" (Joel 1, 16)? Die sichtbare Kirche wird bis zum Letzten geschwächt und entkräftet.

Meine Kinder, Gottes Gericht vollzieht sich. Wir wollen Buße tun, vor Gott niederfallen und in uns die Kraft finden, mit dem Propheten zu sagen: „Ich will des Herrn Zorn tragen, denn ich habe wider ihn gesündigt, bis er meine Sache ausführe und mir Recht schaffe. Dann wird er mich ans Licht bringen, und ich werde seine Gnade sehen" (Mi 7, 9).

Der Herr ruft uns zu einer neuen Form des Heils auf. So manche von Menschenhand geschaffene, fromm geschmückte Kirche stand während Jahrhunderten offen. Gleichzeitig aber blieben viele nicht von Menschenhand geschaffene Kirchen schändlich leer und verschlossen. Heute nun werden die sichtbaren Kirchen zerstört, doch in büssender Trauer erheben sich nun Kirchen, die von Gottes Hand geschaffen sind. Die Flammen des demütigen Märtyrertums flackern überall auf, besonders aber in den abgelegenen Gebieten. Hungernd, zerlumpt, vor Kälte zitternd, abgeschnitten von der Welt, auf der nackten Erde, im Schnee oder in irgendwelchen Hütten sterben Priester, Mönche und gläubige Laien ohne priesterlichen Beistand und ohne Grab. In den Büsserkirchen ihrer entschwundenen Seelen erheben sie ihr Gebet für die Sünden der ganzen Kirche, welche das Äussere mehr als das Innere geliebt und selbst in Zeiten ausserordentlicher Leiden nicht zur Reue gefunden hat.

Die Funken des duldsamen Bekennertums leuchten überall auf, vom Eismeer bis zur ausgebrannten Wüste. Mit Reuetränen beten die, welche – aus ihren Kirchen verjagt – durch Erdulden der Verfolgungen ihre Herzenskirchen geöffnet haben. Treten auch wir, meine Lieben, in die Seelenkammer ein, betreten wir den Tempel unserer Seele, den Tempel, der schon in der Taufe dem Herrn geweiht und von ihm bei der ersten Kommunion geheiligt worden ist. Dieser Tempel ist unser; niemand vermag ihn je zu zerstören ausser uns selbst. In ihm ist jeder von uns Priester und Büsser. Sein Altar ist unser Herz, und auf ihm können wir stets unter Tränen unser grosses Sakrament der Busse darbringen. Uns, die wir unseren unsichtbaren Tempel haben verwahrlosen lassen, die wir von der sichtbaren Kirche gelebt haben, fällt es schwer, vom Herrn den neuen Weg des Heils anzunehmen. Weinen und wehklagen wir, aber nicht mit den Tränen der Verzweiflung, sondern mit den Tränen der Reue, und nehmen wir alles als verdient an. Ist es etwa nicht der Herr, der uns dies schickt? Haben nicht die Besten von uns diesen Weg längst beschritten? Für lange Zeit oder für immer – Gott allein weiß es – bleibt uns die sichtbare Seite des Christentums verborgen.

„Lasset uns geziemend und in Ehrfurcht stehen." Kleines, vertrautes Gotteshaus! Wieviel reine, himmlische Freude haben wir durch dich erhalten! Du warst unser irdisches Jerusalem, unser himmlisches Zion! (...) „Vergesse ich dein, Jerusalem, so werde meiner Rechten vergessen. Meine Zunge müsse an meinem Gaumen kleben, wo ich dein nicht gedenke, wo ich nicht lasse Jerusalem meine höchste Freude sein" (Ps 137, 5–6).

Der Herr hat uns ein feines Gespür für geistliche Dinge geschenkt. Euer Herz hat Euch nicht dorthin geführt, wo der Gottesdienst durch seine Pracht bestach, wo ausgesuchte Melodien erschallten und kunstvolle Predigten abgehalten wurden. Unsere kleine, unscheinbare Kirche suchte damals jeder von Euch auf, weil er dort den wahren Weg vorfand, den die Kirchenväter gegangen waren. Im kurzen Frühling der russischen Kirche wart Ihr Arbeiter in ihrem Weinberg. Mit welcher Entsagung gabt Ihr Eure Jugend, Eure reifen Jahre, Eure Alterskräfte hin zum Aufbau der lebendigen Kirche unserer Bußfamilie.

Ihr seid nicht bloß lebendige Zeugen, sondern auch Teilhaber am letzten Aufflackern des nach dem Willen Gottes verlöschenden Leuchters der russischen Kirche.

In der bevorstehenden schrecklichen Prüfung der Kirche Christi bete ich zum Herrn, zu seiner Allreinen Mutter und zu unseren Heiligen, auf daß sie Euch als wahre Arbeiter im Weinberg Christi offenbaren.

Meine Lieben, zeigen wir uns in allem als Diener Gottes: „in großer Geduld, in Trübsalen, in Nöten, in Ängsten, in Schlägen, in Gefängnissen, in Arbeit, in Wachen" (2 Kor 6, 4–5). Der Gott der Geduld und der Tröstung aber gebe Euch, in Eintracht miteinander zu leben.

„Werdet selber Heiligtum und lebendige Ikone!"

Bischof German (Rjaschenzew),
Briefe an Wera und Natalija W.*

Vorwort von Natalija A. W.

Der seelische Reichtum und die geistliche Größe, die ich in den vielen Monaten meines Briefwechsels mit Bischof German erleben durfte, haben meinen Glauben machtvoll unterstützt. Seine Briefe waren eine Freude, welche den mitunter heftigen Schmerz über die Leiden seines endlosen Kreuzweges linderten. Liebevolles Mitleid mit der hilflosen, behutsam und milde enthüllten Wahrnehmung des Lesenden erfüllt sie. Wie sanft und einfühlsam kommt er einem ihm nahestehenden, verwirrten Menschen zu Hilfe, mit welch liebevoller Nachsicht erkennt er seelische Schwächen und Kraftlosigkeit; wie väterlich ist seine Wachsamkeit und wie fest schließlich sein Bestreben, zu helfen und offene Seelenwunden zu kurieren. In einem seiner letzten Briefe stehen die Zeilen: „Rücken wir näher zum Herrn, werden wir auch unseren Nächsten näherstehen: niemals wird es jemandem gelingen, unsere Einheit im Leben oder im Tode zu zerreißen." Diese Einheit manifestiert sich in ihrer ganzen Größe, wenn er uns wie früher zu Hilfe eilt mit der gütigen und heilenden Kraft seines lebendigen Wortes und im heiligen Vorbild seiner Lebenstat.

Nie und in nichts ist dieser Bischof Gottes auch nur ein Jota vom einmal eingeschlagenen Weg abgewichen. In seiner stillen Schilderung des Erlebten und in seinem milden, alle Tiefen und Schrecken des Leidensweges verhüllenden Humor zeigen sich seine unerschütterliche geistige Standhaftig-

---

* Aus „Nadjeschda" Nr. 5

keit und sein stetes Fortschreiten in der Arbeit an sich selbst. Nirgends und in nichts hat er sich geschont, sondern hat dem Herrn und dem Volk restlos und furchtlos die ihm geschenkten Talente zurückgegeben, die Talente eines Zeugen, eines Hirten und eines Gott preisenden Sängers.

Die hier wiedergegebenen Briefe umfassen folgende Zeitabschnitte im Leben des Bischofs: erste Verbannung in den Norden 1923, Herbst 1925 in Wolokolamsk, zweite Verbannung nach Mittelasien vom 17. November 1925 bis im Frühling 1928, Ernennung in Wjasniki im Sommer, dann erneute Verhaftung im August desselben Jahres, Reise nach Solowki und Verbannung in Derewjansk und Wotsch, anschließend in Arsamas vom März 1933 bis im Frühling 1934, in Sibirien bis zum endgültigen Verschwinden 1937.

Briefe an Natalija A. W.

Tobolsk, den 30. August / 12. September 1923

Haben Sie Dank für die kleine Nachricht, die Sie nach Tobolsk geschickt haben. In Sibirien sind wir schon seit dem 18. Es hat uns mit wunderbarem Wetter empfangen, das bis heute andauert. Sie wissen, wie ich die weiten Felder, den Wald und das Wasser liebe, und Sie können sich vorstellen, wie groß mein Entzücken war, nach anderthalbjähriger Entbehrung Menschen zu sehen und mit der Natur in Berührung zu kommen, ihre erhabene Seele und ihre besänftigende Schönheit gleichsam einzuatmen. Nach dem finsteren Moskauer Regenwetter hat uns der herrliche Herbst Sibiriens erfreut und das Ende unserer Unbilden erhoffen lassen.

Obwohl das Gouvernement Tjumenj der Ort unseres Exils ist und in Tobolsk die Verbannten gewöhnlich freigelassen wurden, befinde ich mich immer noch im „Besserungshaus", wie das Gefängnis hier genannt wird. Jetzt studieren wir also dasjenige von Tobolsk. Unsere Behandlung durch die hiesige Verwaltung ist ausgezeichnet, doch da es hier schon lange keine Politischen mehr gegeben hat, werden wir seltsamerweise mit den Kriminellen oft auf die gleiche Stufe gestellt. Wie Sie wissen, war sogar unter dem alten Regime die Behandlung der Politischen – um so mehr solcher, wie wir es sind, nämlich administrativ Verbannte, d. h. ohne Gerichtsurteil, auf welches heute jeder Bürger Anspruch hat – grundverschieden von derjenigen der Kriminellen. Doch hier will man möglichst wenig mit uns zu tun haben, und das Unsinnigste ist, daß man uns auch dort unter Bewachung stellt, wo wir uns bloß unter Aufsicht befinden sollten. Offenbar ist niemand dazugekommen, diese seltsame Ungerechtigkeit zu überdenken, oder man hat aus Unkenntnis der Vorschriften einfach Angst, einen Fehler zu machen. Dies alles schafft gegen unseren Willen Aufsehen um uns und führt zu Sympathiebezeigungen von uns gänzlich unbekannten Menschen. Besonders viel bewirkt in dieser Hinsicht unsere Begleitung durch eine „Ehrenwache". So war es in Tjumenj, so ist es auch hier: Man lenkte die allgemeine Aufmerksamkeit auf uns und war dann erstaunt, woher die Leute wußten, daß dieser oder jener Verbannte im Ort war und weshalb sich in der Stadt wildfremde Menschen um uns kümmerten wie um nahe Verwandte. Ich kann nicht umhin, darin auch die besondere Fürsorge des heiligen Ioann von Tobolsk zu sehen, dessen kleine Ikone – ich weiß nicht mehr, wann und von wem sie mir geschenkt wurde – mich nun schon seit zwei Jahren überall begleitet. Ein bedeutsames Zusammentreffen fürwahr!

Wir werden im Dorf Samarowo, Gebiet Tobolsk, Gouvernement Tomsk, leben. Das ist ein Handelsflecken 500 Werst nördlich von Tobolsk längs des Irtysch und 500 Werst südlich von Berjosowo. Nach Tobolsk zu urteilen, wo Zuckermelonen, Wassermelonen und Tomaten wachsen, wird es dort wahrscheinlich nicht kälter sein als in Wologda. Alle sagen einhellig, Samarowo liege am Steilufer des Irtysch, und es sei eine anmutige und gesunde Gegend, umgeben von Nadelwald und reichen Fischgründen. Überhaupt ist das Volk hier in Sibirien, wie mir scheint, offener als unseres und teilnahmsvoller. Wir denken, daß auch Samarowo uns kein Leid zufügen wird – natürlich wird vieles von der Obhut abhängen, in welcher wir leben werden. Doch habe ich, wie Sie ja wissen, nichts zu verbergen und nichts zu befürchten, da meine Überzeugungen nicht die Politik betreffen, sondern jenen Bereich des Gewissens, welcher vom sowjetischen Gesetz für frei erklärt worden ist.

Vorläufig sind die neuen Eindrücke so zahlreich, daß ich nicht spüre, daß meine Freunde hinter allen Bergen sind. Es scheint im Gegenteil, sie seien ganz in der Nähe. Und doch ist es schade, daß mich auch bei meiner Abreise aus Moskau mein Fatum verfolgte: Die Menschen, die mir am nächsten stehen, sah ich nicht. Welch ein Schicksal, sich von den Liebsten nicht verabschieden zu können! So verlor ich meine beiden Großmütter, so starben ohne mich vor kurzem meine Mama und Vater A(leksandr) M(etschow). Ich meine, dies sei wohl nötig, um allem voran jene Wahrheit zu lieben, welcher ich mein ganzes Leben geschenkt habe, und um mutig zu sein, wenn ich um ihretwillen Unglück zu erleiden habe. Und doch: wie sehr möchte Massja [Kindername, mit welchem der Bischof in seinen Briefen gelegentlich sich selber bezeichnet] ein bißchen auf dem kleinen Diwan sitzen! Wir warten auf das Schiff nach Samarowo, welches, wie es heißt, nicht vor dem 5. bis 8. September hier eintreffen wird. Grüßen Sie Ihre Mama [Wera Timofejewna, Adressatin anderer Briefe des Bischofs], Vater Aleksij und die Unsern. Beten Sie, daß der Herr stets mit mir sei. Es behüte auch Sie Christus.

Bischof German.

28. September / 11. Oktober 1923
Schon sind die Vogelschwärme weggezogen. Ihnen ziehen gen Süden die letzten Dampfer mit einer Kette von Lastkähnen nach. Obwohl der warme Herbst sich kaum von dem in Sergiewo [heute Sagorsk, wo sich die Dreifaltigkeitslaura befindet] unterscheidet, bereitet sich alles auf die Begegnung mit dem Winter vor, der jeweils schon im Oktober zu seinem vollen Recht kommt. Ich bin bereits im Besitz der nötigen Ausrüstung: hohe und ziemlich elegante Schuhe aus feinem Hirschleder, beidseitig pelzbeschlagen, Pelzstiefel (Kissy), Pelzmütze (mit Ohren- und Nackenschutz) – die Frucht der unerschöpflichen Fürsorge und Energie Tanjas [Klosterschwester, welche Bischof German in die erste Verbannung begleitete und auch anderen exilierten und inhaftierten Bischöfen beistand]. Welche Gnade hat mir Gott erwiesen, daß er sie zu dieser mutigen Tat und der dazugehörigen Mühsal angeregt hat! Mag sein, daß auch jemand anderes sich hätte entschließen können, mich zu begleiten, doch braucht es hier ja nicht nur gute Gefühle, sondern auch starke Hände und Nerven. Unsere Äbtissin, hoffe ich, wird uns noch mehr abhärten. Diese alte, geizige „Brummbärin", allwissend und sich in ihrer Frömmigkeit selbst genügend – sie geht ungern zur Kirche und verurteilt jene, die gehen –, belehrt nicht nur Tanja, sondern auch mich. Wie frommt das meiner schwachen Geduld und mehr noch meiner mangelnden Demut! Ich tröste Tanja die ganze Zeit und sage, der Herr selbst habe uns eine solche gute Lehrerin geschickt, da wir sonst unsere Verbannung ohne Nutzen für unsere Seelen verbringen könnten ... wäre eben nicht diese Hauskontrolleurin und Schadenstifterin. Bald gerät sie in Rührung, weil in ihrem Haus mehrmals Vespern gefeiert wurden und man dabei für dieses „hochwürdige Haus und die darin Lebenden" betete, bald sagt sie, wir hätten ihr mit dem Weihrauchfaß das ganze Haus verrußt. Sie bangt um jeden gußeisernen Topf und um jede Schnur; gestern nahm sie gar die Vorhänge von meinen Fenstern, aus Angst, sie könnten irgendwie Feuer fangen, und erklärte Tanja auf de-

ren Bemerkung hin, ohne Vorhänge sei es unschön, sie, die Äbtissin, hätte schon längst alle Möbel aus dem Zimmer weggeräumt, wenn ich nicht da wäre ... Doch hindert sie dies nicht daran, uns etwa Milch zu geben, wenn wir keine haben, und friedlich zusammen mit Tanja um Speise und Trank bemüht zu sein.

Wir leben in einer derartigen Abgeschiedenheit, daß wir vom großen Dorf (880 Einwohner) überhaupt nichts merken und uns ohne besondere Ablenkung dem geistlichen Tun widmen können. Ich bedaure sehr, daß ich seinerzeit trotz einer gewissen Veranlagung dazu weder zeichnen noch malen gelernt habe; dies käme mir in meinen Mußestunden sehr zustatten. Um kleine Ikonen aus Teig zu formen, wie ich das in Butyrki [Moskauer Gefängnis] tat, ist das Material zu brüchig. Für einen Maler gäbe es hier tatsächlich manche Sujets; einige von den hiesigen Ansichten habe ich in Bleistiftskizzen festgehalten – es sind eigentlich nur Karikaturen, aber immerhin. Die letzte Zeit war mit ausgedehnten Spaziergängen und der Arbeit an einem Stab ausgefüllt. Zu Mariä Schutz und Fürbitte [1./14. Oktober] sind ein mittelmäßiger zwei- und dreiarmiger Leuchter bereit, der selbst verfertigte Stab und eine Mitra, hergestellt in Zusammenarbeit mit Tanja nach einer Idee von mir. Alles ist einfach, aber nicht ohne eine gewisse Feinheit herausgekommen.

Die sogenannten Gläubigen verhalten sich zur Kirche ausgesprochen gleichgültig: Das können Sie schon nach unserer Äbtissin beurteilen, welche hier als eine Säule des Glaubens gilt (Intelligenz und Kenntnis von Gottes Wort können ihr ja wirklich nicht abgesprochen werden). Dabei bestellen die Leute an den Namenstagen ihrer Verstorbenen gerne Seelenmessen (zu welchen sie selbst dann allerdings nicht herkommen); etliche bringen ihre Kinder zur Kommunion, und eigentlich helfen sie den Hergereisten. Obwohl in ihren gegenseitigen Beziehungen sehr unabhängig, sind es ziemlich gutmütige Menschen. Das Fest (Mariä Schutz und Fürbitte) und die Liturgie eines auswärtigen Bischofs lassen sie völlig kalt. Außer zwei Knaben mag niemand den Altarraum betreten. Die Jungen sind im Komsomol; besonders spürbar ist indes die verrohende Wirkung des Unglaubens auf die Frauen. Alle rauchen sie, schneiden sich die Haare kurz, fluchen bei jedem Wort und knabbern wie Eichhörnchen von früh bis spät Zedersamen. Doch hindert sie dies nicht daran, sich gut und geschmackvoll anzuziehen und zu Hause peinlich auf Sauberkeit bedacht zu sein (letzteres hat weniger etwas mit Reinlichkeit als vielmehr mit Prahlerei zu tun), obwohl es in keinem einzigen Hause gesonderte Toiletten, auch nicht ungeheizte, gibt.

Wir leben nun schon seit einem Monat hier. Wenn es mir beinahe an nichts mangelt, verdanke ich dies der Umsicht Tanjas. Das Geld hat hier gar keinen Wert. Das wichtigste Geld ist die Butter. Nun steht der Winter vor der Tür, die Fuhrleute fahren dann mit dem Getreide nach Tobolsk, und wir werden über unsere Freunde das Nötige bekommen. Gott sei Dank sind wir auch hier bereits von guten Menschen umgeben, die uns mit Petrol aushelfen und, wenn nötig, auch mit anderen Dingen. Kurz, solange die Seele ihren Trost im Göttlichen findet, wird dies alles entweder dazugegeben werden, oder dessen Entbehrung wird die Seele nicht bedrücken. Wie bin ich froh, daß man hier in ständigem geistlichem Tun und im Gebet verweilen kann! Wenn ich meine Kräfte nur nicht für Nebensächliches verbrauche. Wie sehr möchte ich endlich in der wahren Liebe, Reinheit und Demut erstarken. Manches, was ohnehin schon klein ist in mir, ist stark ins Schwanken geraten. Ruhe brauchen auch meine Nerven: eine kleine Anspannung, und schon verspüre ich Erschöpfung.

Teilen Sie diesen Brief mit Wera. Ich freue mich, daß sie, wie mir Sinaida Michajlowna schrieb, nun doch noch eine Anstellung als Eisenbahnärztin gefunden hat. Der Herr stehe ihr bei. Es ist Zeit, daß auch sie aus der Verbitterung herauskommt, mit welcher Gott ihre Seele und ihre Tätigkeit vollkommen christlich machen will. Sagen Sie Mama und Slawa [Bruder der Adressatin] einen herzlichen Gruß. Ich bitte um die Gebete der heiligen Starzen. Berichten Sie mir mit eingeschriebenem Brief über alle Neuheiten, besonders über jene, die Ihnen und mir teuer sind. Grüßen Sie Wanja [Vater Israil, Abt des Klosters Gethsemane] und seine Brüder. Am Tag des heiligen Sergius [25. 9./8. 10.] habe ich die Liturgie gefeiert.

Den 22. Januar / 4. Februar 1924
Wenn es Ihnen, meine liebe Natascha, Freude bereitet hat, das Päcklein zuzubereiten, wie kann ich Ihnen dann für die Freude danken, welche ich heute durch Ihre Liebe empfangen durfte? Aus kleinen Stücken haben Sie ein Bild dessen verfertigt, der Liebe ist, und das Stückchen von Vater Diomid verleiht diesem von Händen geschaffenen Bild jenen himmlischen Glanz, welcher aus Ihrer ganzen Sendung eine gottgesegnete Kraft macht.

Für mich war der ganze heutige Tag etwas Besonderes. Ich wußte, daß heute ein mir bekannter Briefträger beerdigt würde, welcher seine Frau und seine drei kleinen Kinder praktisch mittellos zurückläßt. Sei es aus mangelnder Umsicht der Verwandten oder aus irgendwelchen anderen Gründen: der Verstorbene wäre beinahe ohne Gottesdienst beerdigt worden. Der hiesige Priester war seelsorgerisch unterwegs, der andere war nicht benachrichtigt worden und hatte gegessen. Ich hatte nicht gegessen und beschloß, die strengen Vorschriften in bezug auf den Zelebranten in des Herrn Namen der Liebe zur Seele des Verstorbenen zu unterordnen. Wie wir hinter dem Toten einherschritten, las ich die Gebetsregel und reinigte vor dem Gottesdienst meine Seele durch die Beichte. Mein Gott, wie tat das meiner Seele gut! Dann hielt der Priester das Totenamt, während ich – ohne Ornat – mit einem Knaben die Chorpartie sang. Den ergreifenden Trauerritus feierten wir in seiner vollen aufführenden Schönheit, und es war, als schauten die Einheimischen diese Schönheit zum ersten Mal.

Ich erwartete heute Pakete; als ich nach Hause kam, schickte ich Tanja zur Post. Sie brachte mir nur Ihren eingeschriebenen Brief und sagte, Paket sei keines da. Doch betrübte mich dies nicht, da schon allein Ihr Brief, der mir beschrieb, mit welcher Liebe mir Bekannte und Unbekannte Stückchen ihrer Liebe zum Herrn in Ihr Kästchen brachten, mein Herz erfreute. Ein wenig später kamen – unerwartet wie alles Göttliche – Leute von der Post und brachten Anzeigen nicht für ein, sondern gleich für mehrere Pakete von Ihnen. Den Rest können Sie sich vorstellen, wie auch das, was sich in meinem üblen Herzen abspielte, als ich dann diese sprechenden Zeugen von Gottes unsäglicher Güte vor mir hatte. Das Teuerste fand ich nicht gleich. Welche Gnade mir Gott doch erweist! Wofür verwöhnt mich der Herr so sehr? Wofür diese reinen, weißen Kerzen, deren Flammen mir seit frühester Kindheit von den Sternen kündeten, vom Himmel, von den Engeln, von den sanften Heiligen und von dem, welcher sie angezündet hat und mit ihnen der vom Verführer verdunkelten Welt den Weg erleuchtet? Wofür diese Gewänder eines Reinen, Sanften, wo mir doch gerade diese Eigenschaften fehlen, obschon meine Seele sich ständig danach sehnt? Wofür diese Liebe, welche die Herzen auch jener Menschen erweicht, die eher meine Fehler kannten als die Tiefe meines nur von Gott ausgeloteten Herzens? Ich verneige mich – wörtlich – bis zur Erde vor Ihnen allen und preise Sie im Namen dessen, der viele Menschen in guten Zeiten sich für jemanden erbarmen läßt, der vielleicht gar keiner Liebe würdig ist, um auch dessen Seele vom göttlichen Echo des Künftigen und des Ewigen zu erfüllen. Der Weg dahin ist mühevoll, ihn gehen nur die „Gequälten"; jeden aber erwartet nach tränenreicher Geduld jene unvergängliche Freude, deren Vorahnung allein uns hier auf Erden alle Unruhe und Trauer vergessen macht. Wenn Menschen, die wirklich keine Zeit haben, oft an andere zu denken, einem solchen Faulenzer wie mir solche Liebe erweisen, wie Sie alle das taten und weiter tun, mahnt uns nicht der Herr als die unendliche Liebe dadurch, wir sollten in ständiger Buße leben, um seiner Liebe und der Märtyrerkrone würdig zu sein? Ohne Sanftmut und Reinheit, ohne mitleidende Liebe besonders zu denen, welche jetzt das schwere Kreuz der Trauer und der Sorge um die Braut Christi tragen und nicht immer geradeaus gehen, kann auch die formale Treue zur Wahrheit den Menschen um die Freude bringen, den Herrn in seinem Reich zu schauen ...

Was mich betrifft, besitze ich, wie Sie wissen, sehr viel und sehr wenig: Viel ist mir gegeben, sehr wenig habe ich dazugetan. Ich bitte Sie noch einmal, Natascha, an meiner Stelle dem lieben Starzen und Vater Leonid zu danken, durch welchen ich stets die Gnade des heiligen Sergius erhielt, sowie meinem Leidensgenossen aus den „Sommerferien" in Butyrki, Vater Potapij [Mönch des Dreifaltigkeitsklosters], Nad. Al. und Nina mit Katja und allen, die meiner gedenken und für mich beten.

Mit Ihrem Paket kam, gleichsam zur Ergänzung, ein anderes von Danilow [Abt Feodor (Posdnejewskij) vom Moskauer Danilowkloster]: Weihrauch, Kerzen und ein Altartuch. Ist mir das nicht Freude und Aufruf zugleich, dem Herrn nicht nur im Sichtbaren treu zu bleiben, sondern auch in den verborgensten Regungen der Seele, dort also, wo unsere Zukunft geschrieben wird? Die Sendungen trafen in der perfekten Reihenfolge ein. Etwas vorher hatte ich Ihren gewöhnlichen Brief erhalten, welcher sich mit meinem kreuzte. Ich habe Ihnen und Wanja an die Dworjanskajastraße 7 geschrieben; jetzt haben Sie ihn wohl bekommen.

Ich bin Gott sei Dank gesund, und das Wetter hier ist wunderbar. Die Tage ohne Sonne und die Nächte ohne Sterne kann man an den Fingern abzählen. Die Tage sind nun schon zwei Stunden länger. An die Kälte haben wir uns gewöhnt; Temperaturen von 20 Grad Frost sind besser zu ertragen als bei uns 5 bis 10 Grad. Wirklich.

Gott behüte Sie. Friede sei mit Ihnen.

Den 23. März / 5. April 1924
An der Ecke meines Zimmers steht ein Telegraphenmast, auf welchem die Leitungen aus B. S. und aus Tobolsk zusammentreffen (die Post liegt gerade gegenüber). Manchmal, besonders nachts, ist es, als trage er sich mit einem tiefgründigen, schweren und endlosen Gedanken; er seufzt und stöhnt, und bisweilen dröhnt er so machtvoll wie das ferne Glockengeläut zahlloser vertrauter Kirchen. Oft dünkt mich, er spiegle meine Seele wider mit ihren schwermütigen und stöhnenden Gedanken an die aus Welt und Herzen schwindende Schönheit des Geistes und der Wahrheit; weit seltener erkenne ich darin die Übergänge zu den hellen Tönen, denen größte Freude und Jubel entspringen. Und diese ganze Mittfastenwoche mit ihrem sanften, traurigen Kreuzesgesang und dem zaghaften, abendlichen Lob auf den angesagten Tag jenseits von Prüfungen, Herzensunruhen und Passion mahnt mich an diesen Wechsel von Hell und Dunkel. Dieser ist im Leben der Welt und des einzelnen Menschen wohl unvermeidlich – Licht und Finsternis, Gut und Böse gehen ineinander über, verdichten sich: Selig, wer zu unterscheiden vermag zwischen dem, was wirklich das Gute und das Leben, und dem, was das Böse und der Tod ist. Noch glücklicher ist, wer seiner richtigen Erkenntnis durch seine Stimmungen hindurch und in seinem Leben treu bleibt, wer aus seinem Herzen einen leuchtenden Altar des Ewigen Lichts und des Ewigen Wortes macht (...) Welch ein Glück und welch eine unendliche Freude ist es, auch nur teilweise an jenen Wunden teilzuhaben, durch die alle Menschen geheilt wurden; auch nur eine kleine Partikel jener ewigen Kraft zu sein, welche der ganzen Schöpfung den ewig alten und ewig neuen Weg zur Auferstehung durch Selbstaufgabe und Liebe gezeigt hat.

Manche halten die Suche nach dem verlorenen Paradies, eine Agonie, die sich gewöhnlich in der rastlosen Suche nach immer neuen Lebensformen abseits vom Wege Christi äußert, für den wahren Inhalt des Lebens. Die qualvolle Verliebtheit in die Schöpfung, der Wunsch, diese zum

Werkzeug der eigenen Vergnügungen und der eigenen Selbstbespiegelung zu machen, ist für sie der wahre Puls des Lebens. Doch das alte und das neue Heidentum zeigten und zeigen klar genug, daß dies eine schwerere Last ist als das Joch des Heils und ein schwereres Kreuz als das heilige Kreuz Christi. Und trotzdem: wie wenig lebt man diesem Wissen, wie untreu ist man jenem Sabbat, der den Alltag und den Lebenskampf vollendet und in die frohlockende Feier der Auferstehung verwandelt! Doch der Herr jenes Tages ist die Kraft, welche die ganze Welt besiegt: Diese Kraft offenbart sich in den Schwachen. Darin finde ich Trost, Besserung und die volle Sicherheit, daß am künftigen Tag der Auferstehung wir alle in göttlichem Jubel des Reiches Christi teilhaftig werden.

Morgen geht hier offenbar die letzte Post ab. Bis Juni neuen Stils werden wir wahrscheinlich von der Welt abgeschnitten sein. Deshalb grüße ich Sie zum voraus in der Freude des Osterfestes. Gott beschütze Sie. Überbringen Sie meinen Bruderkuß dem Starzen, Wanja, Kronja, Potapij, Krotkij [Bischof Nikodim (Krotkow); Krotkij = der Sanfte] und N. A., den Bethaniern, denen von Getsemani und allen Bekannten. Den eingeschriebenen Brief mit dem Aquarell haben Sie wohl schon erhalten? Herzliche Grüße auch an Wera und die Iljinskijs.

Christus sei mit Ihnen!

Tag der Märtyrer Adrian und Natalija,
26. August / 8. September 1924

Liebe, teure Nataschenka! Mit besonderer Liebe und Herzlichkeit beglückwünsche ich Sie zu Ihrem Namenstag. Irgendwie war es heute leichter und freudiger als sonst, vor dem Altar für Sie und für Ihre Seele, welche die hellen Punkte des Lichts der Welt deutlich widerspiegelt, zu beten. Als heute der Lobgesang auf die beiden Märtyrer erscholl, in welchem die – wenn man so sagen darf – außergewöhnliche religiöse Aktivität und der durchdringende Einfluß der

Märtyrerin auf Adrian hervorgehoben wird, mußte ich unwillkürlich an Sie denken. Wie Sie wissen, meine ich, sei es kein Zufall, daß jeder von uns den Namen eines bestimmten Heiligen trägt. Gott vertraut unsere Seele gerade demjenigen Heiligen an, der die gleichen Tugenden und christlichen Fertigkeiten besaß, erweiterte und mit Gottes Kraft vervollkommnete, die ansatzweise auch uns gegeben sind. So spürte ich ganz klar, daß durch Sie die Märtyrerin Natalija ihr Werk fortsetzt und ihren Einfluß auf mehr Männer als nur Adrian ausübt.

Sie wissen natürlich, daß viele von uns auf ihrem Weg zahlreichen weiblichen Einflüssen begegnen; jedoch stoßen dabei nur sehr wenige – wie ich bei Ihnen – auf einen tiefen, erquickenden und läuternden Einfluß der Art der heiligen Natalija. Eine solche heilige und lichte Freundschaft, eine solche Jugendlichkeit zwischen nicht mehr jugendlichen Menschen bekräftigt einmal mehr die Wahrheit jenes Wortes, wonach es nur einen Sieg gibt, der die Welt mit ihren Begierden, ihrem Stolz und ihrer Sinnlichkeit zu überwinden vermag: unseren Glauben und dessen Gebieter und Vollender, unseren Lehrer und Herrn.

Vor dem Fenster tobt ein Schneesturm. Dächer, Bäume und die Erde sind weiß überzogen. Um so froher und wärmer ist es in der Seele, wenn ich jetzt in Gedanken zu Ihnen komme und jene Atmosphäre erlebe, die ich unter anderen Menschen und sogar bei mir selbst nur selten beobachten kann.

Ich gedenke heute auch meiner anderen Bekannten, welche die Namen Natalija und Adrian tragen. In Sergiewo hat es außer Ihnen noch drei andere. Da ist auch mein großer Verehrer und Fürsprecher aus den Jahren 22 und 23, als ich krank war, Adrian Wifanskij, ein Bauer. Kurz, heute ist der Tag teurer Namenskinder, und besonders strahlend ist dieser Tag wegen Natascha.

Heute oder morgen erwarten wir aus Tobolsk den Postdampfer. Ende der Woche wird einer dorthin abgehen. Möglich, daß außer dem aus Tobolsk kommenden noch einer hier anlegen wird, so daß wir Ende September noch Post bekämen. Im Oktober gibt es dann zweifellos eine Unterbrechung. Mir ist, der Oktober bringe uns auch den Winter. Wir sind gesund, und es geht uns gut. Seit über einem Monat habe ich nichts aus Pskow erhalten. Das beunruhigt mich.

Geben Sie die kleine Ikone an Werotschka.

Den 17./30. Mai 1925
Meine liebe Natascha! Ihren Brief aus der Woche der Kreuzesanbetung kann ich erst jetzt beantworten, obwohl ich nicht weiß, wann und ob überhaupt dieses Schreiben Sie erreicht. Ihr Brief ist voll trauriger Selbstanklagen; er bedeutet nicht so sehr den Verlust geistlicher Energie als vielmehr äußerste physische Erschöpfung. Wir, Sie und ich, haben ja noch nicht jenen geistlichen Zustand erreicht, wo das rein Geistliche oder besser die gnadenvolle Energie nicht nur die Schwäche des Fleisches bezwingt, sondern auch unseren ebenfalls schwachen und ohne Gottes Hilfe lahmen Geist beflügelt. Eine Zeitlang, solange nämlich unsere von der Natur und den Eltern geschenkten physischen und geistlichen Vorräte ausreichen, wirken der Geist Gottes und der Herr durch diese unsere körperliche Frische und seelische Energie. In dieser Zeitspanne zeigt uns das Leben noch nicht sein ganzes Gesicht; deshalb ist in uns noch soviel Munterkeit und wertvoller idealistischer oder anderer Eifer. Früher oder später nimmt jedoch diese Phase ein Ende, für jeden bricht Getsemani mit seinen Kämpfen und seiner Erschöpfung bis zum blutigen Schweiß an. Beide sind quälend und leidensvoll gerade dadurch, daß unser Geist sich von seiner Rechtschaffenheit – so rein und ideal sie uns auch erscheine – lossagen und sich mit Gottes gerechtem Willen versöhnen muß. Gottes Wille aber ist für unsere Seele beengend und schwer erträglich. (...)

Der Übergang unseres Geistes zum Willen Gottes ist

stets qualvoll, wie überhaupt jeder Übergang von der einfachen zur vollkommeneren und höheren Form, wie jede physische und – um so mehr – jede geistliche Geburt qualvoll ist. Hier auf Erden erleben wir lediglich den Anfang dieser vollständigen Neugeburt unseres Willens in den Willen Gottes, unseres Verstandes – auch des glaubenden – in den göttlichen Verstand, unserer kleinen und unvollkommenen Liebe in die vollkommene und allumfassende Liebe der Heiligen Dreifaltigkeit. Wenn sich der Mensch ganz entschieden auf die Seite dieser Wahrheit stellt, sie liebt und als die einzige Wahrheit seines Lebens betrachtet oder sich im Gegenteil gänzlich von ihr abwendet, lebt er bereits nicht mehr und stirbt: er hat dann alles durchgemacht, was dieses Leben geben kann, und ist reif für das folgende.

Das persönliche Getsemani hat für uns den Sinn, daß wir in Zittern und in Leiden das uns Gebotene erfüllen und uns nicht durch die Frage beirren lassen: Warum ist es so und nicht anders? Ja, weil bisweilen in gleichem Maße eine starke Erschütterung durch das lebendig erfahrene Gute wie auch ein schrecklicher Fall zu Gott hinführen. Judas war die ganze Zeit mit Christus und hat ihn verraten; der Verbrecher am Kreuz war sein Leben lang ohne Christus und hat an ihn geglaubt.

Gäbe es weder im Leben des Herrn noch in der Geschichte unseres persönlichen Glaubens solch klare Hinweise auf diese Wechsel von Hell zu Dunkel und auf den endgültigen Triumph des Lichts, wäre das Leben gewiß schrecklich. Wir sollen aber unser Herz durch die Worte des heiligen Apostels Paulus erfreuen – sie galten den Juden und den Heiden, sind aber wohl auch an uns heute Lebende gerichtet: „Denn Gott hat alle beschlossen unter den Unglauben, auf daß er sich aller erbarme" (Röm 11,32).

Wir wissen nicht, wie nah oder wie weit unser Leid ist, aber es gibt eine Zeit, wo große Erschütterungen not tun, um den Menschen nicht nur zum Nachdenken zu erwekken, sondern ihn zum Mittelpunkt alles wahrhaft Menschlichen zurückzuführen: zu seinem Herzen. Von daher ist

Ihre physische und psychische Müdigkeit verständlich. Tragen wir ergeben sein Kreuz, und erwarten wir – sei es auch jenseits dieses Lebens – vom Herrn Ruhe und restlose Offenbarung des verborgensten Sinnes all dessen, was uns jetzt so tief schmerzt, schlägt und verletzt.

Wir sind gesund und guten Mutes. Die Osterfeiertage haben wir in inniger Freude erlebt, doch fürchte ich, daß uns weitere Unbilden bevorstehen – schlimm wäre es, wenn dies unsere zukünftige Freude schmälern würde. Lob sei Gott für alles. Hier ist das Überufern der Flüsse zwar in vollem Gange, doch die Wärme hat noch nicht Fuß gefaßt. Das Eis des Ob brach erst um Christi Himmelfahrt. Wann ich wieder Kontakt zur Außenwelt haben werde, weiß ich nicht. Herzliche Grüße an Wera Timofejewna, den Starzen, Wanja und die anderen Bekannten. Beten Sie, daß Gottes Wille am Pfingsttage uns zum Wohl gereiche. Tanja ist gesund und küßt Sie beide. Im Gebet sende ich Ihnen Glückwünsche zum Fest. Friede sei mit Ihnen.

Massjas Dienstreise endet am 13. Juli gemäß Kirchenkalender [gemeint ist das Ende der Verbannung]. Peter und Paul war der letzte Tag und Pfingsten der erste ... aber wovon nur?

Briefe an Wera W.

Den 9./22. Juni 1925 (?)
Ihren Osterbrief, liebe Wera Timofejewna, habe ich zu Pfingsten erhalten. Von der ersten bis zur letzten Zeile nehme ich ihn an wie ein bemaltes Osterei, „danke, empfange, widerspreche nicht" (...)

Ich bin ganz Ihrer Meinung, daß sehr viele von unseren – und besonders auch von meinen – unnötigen Qualen und wenig heilbringenden Leiden daher stammen, daß wir alle diese Strophe nicht vergessen können: „O Wald, o Leben, o Sonnenschein, o Glück und Tränen" usw., und über die

Holzspäne weinen, anstatt uns zu fragen, wie wir aus ihnen all das bauen könnten, wofür früher ganze Baumstämme verwendet wurden. Ganz recht geschieht uns auch, wenn jetzt nicht mehr Rosenduft weht, sondern derber Spülwassergestank vorherrscht und sonderbare Gewächse wie Nesseln, Kletten und Rührmichnichtan sprießen ... und da dem nun einmal so ist, denkt man, anstatt den Kopf hängen zu lassen und die frischen Rosen zu beklagen, besser darüber nach, wie man den Geruch des Spülwassers binden kann. Auch wäre es gut zu wissen, was man anziehen soll, wenn der Lebensweg nicht durch eine satte Wiese mit wohlriechendem, saftigem Gras führt, sondern durch dichtes Gestrüpp von wild rankenden Kletten und Nesseln.

Natürlich muß sich jeder Christ in der Logik seines Glaubens sagen: Es gibt weniger Kirchen – sei selber eine; auch du mußt ein Tempel Gottes werden. Der Zugang zu manchen Heiligtümern ist erschwert – werde selber ein Heiligtum und eine lebendige Ikone. Vieles Äußere, vieles, was auf den äußeren Menschen und die Kinder im Glauben einwirkte, ist verschwunden – gib ihnen das, was unvergleichlich höher steht und dem Weisen wie dem Kinde gleichermaßen naheliegt: die Einfachheit und Tiefe der frommen Demut.

Allein unsere geistliche Stagnation hindert uns daran, im gegenwärtigen Geschehen einen Aufruf zur Selbstvertiefung, Selbsterkenntnis und Selbstbescheidung zu sehen. Wie eines unserer Fastengebete sagt, ist jetzt „die Zeit des geistlichen Tuns angebrochen". In mir steckt wohl eher wenig Selbstmitleid; leid tut mir dagegen, daß die uns eingeräumte Zeit mehr für das Seelische und das Körperliche als für das Spirituelle verwendet wird. Und ich liebe Sie und schätze Ihre geistliche Freundschaft deshalb so sehr, weil ich weiß, wie notwendig es ist, im Leben einen Korrektor seiner verschiedenen Stimmungen, Orientierungen und Tätigkeiten zu haben. Sie haben diese unabdingliche, oft langweilige und undankbare Arbeit übernommen. Sie ist für mich um so wertvoller, als ich – abgesehen von Fedja [Bischof Feodor (Posdnejewskij)] und Witja [Bruder des Autors, Bischof Warlaam (Viktor Stepanowitsch Rjaschenzew)] – keine Freunde habe, die mich so oft drillen, ohne zu verletzen, und ohne Umschweife nicht einschläfernd, sondern aufweckend zu mir sprechen. (...) Sanfte und weichherzige Menschen kenne ich genug, doch sie sagen mir fast nie, was unzulässig ist in mir – oder sie reden äußerst taktvoll von einem Schnupfen, wenn eine schwere Grippe mit allen möglichen Komplikationen vorliegt.

Meine jetzige Abgeschiedenheit und besonders die Freude des heiligen Altars, den jetzt eben die bei mir im Häuschen grünenden Birkenzweige schmücken – der Wald ist noch kahl –, erfüllen meine Seele so, daß ich schon fast dort glaube leben zu können, wo jetzt Kronja und seit letztem Jahr schon Vater Michej ist [Mönch des Dreifaltigkeitsklosters].

Was den Großvater betrifft [konspirative Bezeichnung für den Patriarchen Tichon (1865–1925)], war ich schon früher mit Ihnen gleicher Meinung (Fedja [Bischof Feodor] allerdings dachte anders). Sein Tod und die ihm erwiesene gewaltige und aufrichtige Liebe sagt wohl nur unseren siebenklugen Scheinbrüdern nichts, die da meinen, eine Gottestat könne ohne Gott vollbracht werden. Den Tod nennt einer unserer heiligen Gesänge den „Ursprung unseres Heils"... Er ist eine Pilgerfahrt zu den neu entdeckten Reliquien eines Dieners Gottes, und die Beerdigung gleicht eher einer Rückführung von Reliquien. Dies ist ein so freudiges und tröstliches Zeichen Gottes, daß in meinem Herzen nicht ein Schatten von Unruhe und Verzagtheit um diesen Tod ist. Es ist sichtlich alles getan, was zu tun war, und jetzt setzt besser jemand anderes (oder andere) dieses Werk fort.

Selbst wünsche ich mir nur das eine: tatsächlich so zu sein, wie ich sein muß. Alles jetzt Geschehende halte ich für eine derartig große Gnade Gottes, daß ich immer mehr befürchte, der Herr könne mir schon hienieden Trost für meine guten Vorsätze spenden, und im Jenseits erwarte mich dann eine schreckliche Enteignung dafür, daß mir sehr viel gegeben wurde, aber nur sehr wenig heilbringende Prozente daraus erwachsen sind.

Wir sind gottlob gesund und guten Mutes. Es ist wärmer geworden. Es behüte Sie Gott. Beten Sie für uns.

Den 22. November / 5. Dezember 1926

Morgen, liebe Wera Timofejewna, ist Ihr Lieblingsfest. – [23.11./6.12.: Tag des heiligen Mitrofan, des ersten Bischofs von Woronesch (1623–1703).] Vom Herrn ausgiebig mit einem aufbrausenden Herzen und einem entschlossenen Charakter bedacht, lieben Sie alles Stille, Sanfte und Arglose. Noch weiß niemand, wofür mehr Willensanstrengung benötigt wird: für die gemeinhin so genannte praktische Tätigkeit oder aber für jene scheinbar passiven Tugenden, durch welche sich der Woronescher Bischof so auszeichnete.

Seit unserer Trennung habe ich, scheint mir, noch kein einziges, von Ihrer Hand geschriebenes Wort gesehen. Natürlich kann ich das kaum verlangen, weiß ich doch, daß Sie jetzt ein großes Glaubenswerk vollbringen, den Bußdienst zu leben nämlich, und dies in einer Zeit, wo es schon physisch und spirituell schwer und Ihrer Ansicht nach gar zwecklos ist. Und doch möchte ich ab und zu Ihre Seele vernehmen – und sei es „nur" durch Briefe. Solange Ihre Hand noch eine Feder tragen kann, sollten Sie dies weder sich selbst und noch Ihren Freunden versagen.

Von meinem Alltag habe ich schon oft berichtet. Ich leide lediglich unter der Ungewißheit, ob meine eingeschriebenen und Luftpostbriefe, ja auch meine Telegramme überhaupt ihre Bestimmung erreichen. Diesmal ist eine Mauer zwischen mir und meinen fernen Freunden errichtet worden. Sosehr ich mich letztes Mal mit ihnen verbunden fühlte, so stark spüre ich jetzt, daß ich mich entweder von ihnen entferne, gefühllos, kalt werde, spirituell rückschreite oder aber mich der Herr bislang unbekannte Trübsal erfahren läßt und mich lehrt, mich in meine Ohnmacht zu fügen. Als ich im ersten Monat unseres Lebens hier von nirgendwo – nicht einmal aus Moskau – Antwort auf meine Briefe und Telegramme über meine bedrohliche Lage bekam, überfiel mich ein unheimliches Gefühl des Ausgestoßenseins, der Entfremdung von den mir nahestehenden Menschen, aber auch von dem, der uns am nächsten ist. Es waren nicht Gedanken, sondern irgendwelche öden, armseligen Fetzen von nichtigen und endlosen Hirngespinsten; es waren keine Gebete, sondern jämmerliche und eitle Funken von einst hell flammenden geistlichen Fackeln. Da war weder stiller Mut der Geduld noch die starke Hoffnung darauf, daß der Herr – trotz aller Hindernisse auf dem Weg zu uns selbst – rechtzeitig erhört und hilft. In durchwegs sämtlichen Dingen, im Alltäglichen, Äußeren (aber Notwendigen), und – um so mehr – in den verborgenen Falten des Herzens: in allem war ein so riesiger Mangel spürbar, daß man auch ohne jeden Stolz in Mutlosigkeit verfallen konnte.

Nach dem Fest der Gottesmutterikone „Aller Betrübten Freude" [24. 10./6. 11.] begann sich für alle ein gewisser Umschwung abzuzeichnen. Ein Zimmer wurde für mich gefunden. Zwar nahm man uns für die Instandsetzung ganz gehörig Geld ab – zu unmöglichen Bedingungen zudem: Wir mußten vier Monate auf einmal bezahlen – aber als wir uns dann im 6. Monat mehr oder weniger eingerichtet hatten und bei mir für alle ein Altar errichtet wurde, war natürlich die Hälfte der Leiden weg. Ich sage die Hälfte, weil ich das Alltägliche mit dem Spirituellen überhaupt nicht verbinden kann. Faktisch nehmen ja die Nahrungsbeschaffung, das Reinemachen, das Besorgen von Brennholz und Wasser, die Wäsche und andere Kleinigkeiten nicht viel Zeit weg – es ist nicht die verlorene Zeit, sondern vielmehr ein gewisser innerer Protest dagegen. Ich tröste mich ein bißchen damit, daß selbst Chrysostomos in seinen Briefen aus der Verbannung von den physischen Mühen schrieb; ich selbst sehe nur, daß die Erschöpfung nicht von diesen Arbeiten selbst herrührt als vielmehr vom Bewußtsein, daß die Zeit so prosaisch zerrinnt. Dafür genieße ich es, wenn kein Geschirr gewaschen zu werden braucht, wenn die zubereitete Mahlzeit für zwei oder gar drei Tage reicht und die Möglichkeit besteht, in einer einigermaßen sauberen Umgebung zu leben. Nur einmal habe ich zum Bleistift gegriffen. Obwohl ich an einem stark frequentierten Ort lebe, ist es bei mir im Zimmer Gott sei Dank still; warm und gemütlich wird es, wenn ich die Lämpchen anzünde und unser fünf sind: zwei Bischöfe, ein Erzpriester und zwei Schwestern, die wir uns in seinem Namen versammeln. Wie schrecklich, wenn diese Freude nicht wäre.

So Gott will, erreicht Sie dieser Brief noch vor den Festtagen. Ich sende Ihnen liebe Grüße. Übermitteln Sie meinen Gebetsgruß allen Starzen in der Nähe und in der Wüste. Mögen sie seufzen über jene, die vielleicht die Bürde ihrer Unbilden nicht nur für ihre eigene Schwäche tragen; und wenn sie noch Gebetsflämmchen vorrätig haben, wollen wir diese von ihnen annehmen, auf daß auch unser Gebet inniger werde. Grüßen Sie alle, die bei Ihnen einträchtig an unseren gemeinsamen Gesprächen teilgenommen haben. Es beschütze Sie alle der Herr und die Heilige Jungfrau.

Kasachstan, Stadt Chodschejli, Karakalpakisches Autonomes Gebiet.

Brief an Natalija A. W.

Fest des Zenturions Longinus
16./29. Oktober 28

Klagen Sie nicht, meine liebe Natascha, daß ich mich mit meiner Antwort auf Ihren Brief über die Entrissenheit, die Entfremdung und den Egoismus verspätet habe. In Ihrem Brief versprachen Sie, diesen „in den nächsten Tagen fortzusetzen", und so wartete ich. Nun ist aber bereits ein Brief von Lelja eingetroffen, ohne daß Ihre Fortsetzung gekommen wäre – vielleicht haben Sie es sich anders überlegt und mögen nicht mehr über etwas schreiben, was für Sie bedeutsam und heikel ist ... In meinem Brief möchte ich nicht dem Sprichwort folgen: „Ich seh' fremdes Leid und zucke die Achseln", aber ich werde antworten, daß ich mich hilflos fühle. Ich verhehle Ihnen nicht, daß mir, als ich einige Einzelheiten erfuhr, in deren Folge Sie selbst jetzt nicht mehr in Sergiewo sind, unwillkürlich die Frage entschlüpfte: „Warum hat sie das getan!?" Jene Qual, die Sie mir beschrieben, jenes Leiden, welches die Bestimmtheit Ihrer Seele durch die Verzweiflung gelähmt hat, erklärt teilweise Ihren Schritt. In Ihrem Vorgehen steckte heiße Liebe zu Ihrer Mutter, Selbstvergessenheit und Selbstaufopferung, jedoch – so schien mir damals – keine Überlegung. Wäre es notwendig gewesen, wären Sie mit anderen zusammen von Ihrer Mama dazu aufgerufen worden. Niemand hat Sie gerufen; Sie sind von sich aus gekommen. Sie haben ein Kreuz auf sich genommen, das Ihnen vielleicht gar nicht bestimmt war. Anstatt der Freude über die vor Gott und den Mitmenschen vollbrachte Pflicht, anstatt spiritueller Energie und Frische verspüren Sie jetzt Geschlagenheit, geistliche Apathie und den Wunsch, sich selbst zu vergessen.

Von der Seite betrachtet, scheint es, Sie hätten alle Ihre reichen Vorräte an Liebe zu Ihrer Mutter auf jenem Weg aufgezehrt, wo Sie ihr faktisch überhaupt nicht den Nutzen brachten, den Sie sich von Ihrer Verzweiflungstat erhofft hatten. Als man dann von Ihnen für sie und für sich selbst eine materielle Grundlage und Hilfe verlangte, konnten Sie weder das eine noch das andere bieten. Völlig erschöpft durch jene schrecklichen Erschütterungen, die nicht hätten zu sein brauchen, wenn jemand Sie rechtzeitig aufgehalten und davor bewahrt hätte, sich in diese spirituell und physisch so auszehrende Heldentat zu stürzen, kamen Ihnen einige der Schwächen Leljas schmerzlich zum Bewußtsein – ja sie wuchsen zu ganzen dunklen Kreisen aus, die Ihnen angeblich schon immer das Licht Ihres persönlichen Glücks verdunkelt hatten, Sie jetzt aber buchstäblich kalt und gnadenlos quälten, so daß Sie sich gar nicht mehr gegen sie aufzulehnen vermochten.

Nun gibt Ihnen der Herr Gelegenheit, Ihre geistliche Kraft zu erproben und die weise Regel der Kirche zu begreifen, die da besagt, man solle sich nie zu einem Märtyrertum aufdrängen, zu welchem man nicht aufgerufen ist. Warum? Ja, weil es auch im geistlichen Wachstum unabdinglich ist, zu seiner Zeit und nicht vorzeitig von Tugend zu Tugend zu schreiten, und weil eine an und für sich gute Tat, wird sie zur Unzeit und ohne Segen in Angriff genommen, der Seele nicht frommt, sondern ihr schaden kann.

Jetzt mag Ihnen nicht nur Ihre Mama, sondern vielleicht auch vieles andere nicht als das, was es ist, erscheinen. Der Egoismus Ihrer Mama, ihr Bestreben, sich zu allen Ihren Unternehmungen querzulegen, sind einfach das natürliche „Aber" des Alters und der Erfahrung – es wäre ungeheuerlich zu denken, man habe es dabei lediglich mit der Sorge um die eigene Person und um das eigene Wohlergehen zu tun (und sei es auch um des Glücks der einzigen, zärtlich geliebten Tochter willen). In Ihrem jetzigen Zustand mag Ihnen scheinen, Sie hätten Ihr Leben verpfuscht und sich von ihm nicht jenes Glück geholt, das gewöhnlich alle Frauen sich herausnehmen, und Sie hätten als irgendein geschlechtsloses Wesen dahingelebt usw. Der Böse nützt oft einen solchen Zustand geistlicher Müdigkeit aus, um vor uns das leichtvergängliche Bild eines Lebens in anderen Dimensionen und mit anderen, verlockenden Vergnügungen und stiller, sorgloser Gemütlichkeit auszubreiten. Ich meine, er hat sich überhaupt in dieser ganzen schlimmen Geschichte gewaltig angestrengt, um Sie im Kampf gegen die von ihm aufgestellten Hindernisse und gegen verschlungene Gefühlserlebnisse zu zermürben und Sie für ein Leben empfänglich zu machen, das Ihnen nicht jene Gefühle und Stimmungen brächte, welche Sie auf dem Wege des Geistes ohne Ihre Weiblichkeit erleben. Niemals hätten Sie sich den Verrat an dem verziehen, was Ihnen den heiligen Sergius [von Radonesch] und die Einsiedelei [die zur Dreifaltigkeitslaura gehörende Bethanien-Einsiedelei] und manches andere aus der hiesigen und aus der ewigen Sphäre so nahe gebracht hat ...

Die Entfremdung von Lelja, von der Sie schreiben, ist nichts als Müdigkeit und eine gesunde Portion Ärger, weil Sie wegen ihr angeblich so viel durchmachen mußten, sie dies aber nicht versteht und nur neue Aufopferung und Hingabe erwartet. In Ihrer jetzigen Lage erinnern Sie gewissermaßen an einen Menschen, der über einem Buch alle Reserven seiner besten Kräfte und Stimmungen ausweinte: Als das wirkliche Leben bei ihm anklopfte, fehlte plötzlich das, was er vergeudet hatte. Ich will Sie, meine liebe Nataschenka, keineswegs anklagen – ich analysiere nur. Doch genau wie Sie, bin auch ich gezwungen, mir dabei mit Tinte zu behelfen; diese widerspiegelt indes nicht immer getreu, was im persönlichen Gespräch sogleich ohne Worte verstanden wird. Ich zweifle keinen Augenblick daran, daß alles Schwierige in Ihrer jetzigen Lage vergehen und alles für Sie wieder durchschaubar werden wird und daß Sie selber wieder frisch und unermüdlich im Guten sein werden wie früher. Christus behüte Sie.

Postkarte an Natalija A. W.

4. September 31

Vielleicht erreicht Sie dieses Schreiben und überbringt Ihnen rechtzeitig meinen herzlichen Glückwunsch zum 26. 8. [heiliger Adrian und heilige Natalija, 8. September neuen Stils.] Ich habe Ihnen schon aus dieser Gegend geschrieben – ich bin hier in der gleichen Lage wie in Sibirien und im Süden. Hat meine Postkarte Sie wohl erreicht? Lebt W[era] T[imofejewna]? Wo ist sie, und wie geht es ihr gesundheitlich? Ich war, wie Sie wissen, dort, wo Lartschik war [Bischof Hilarion (Beljskij). Gemeint ist das Lager Solowki]. Dort litt ich zweieinhalb Monate an Typhus, wie Vater Maximilian, den ich dort gealtert, aber im Geist erstarkt und vervollkommnet vorgefunden habe. Für die Priester war er dort gleich wie seinerzeit Hippolyt, und der Umgang mit ihm beruhigte auch meine nach der Krankheit und anderen Versuchungen etwas zerrütteten Nerven. Auch ich bin gealtert und habe weißes Haar bekommen. Sie würden mich wohl kaum gleich wiedererkennen, besonders wenn Sie mich noch im Ornat und einiges jünger in Erinnerung haben. Doch die Wachsamkeit des Geistes ist mir erhalten geblieben, und das Alter hat der Frische jener tiefen Gefühle nichts anhaben können, die mich mit meiner kleinen Zelle im Dreifaltigkeitskloster und mit dessen Bewohnern verbinden.

Seit Juli lebe ich in Welikij Ustjug, 2. Proletarische Straße Nr. 6. Man kann meinen Bruder Kolja, V[iktor] S[tepanowitsch] Rjaschen[zew] [Kolja = Nikolaj: Taufname des Bruders des Autors], anschreiben. Es wird mich unsäglich freuen, wenn Sie in ein, zwei Worten von sich und Ihrer Mama berichten oder wenigstens Ihre Adresse mitteilen. In der hiesigen Gegend hat Kolja manch Schweres sehen und durchmachen müssen, doch jetzt lebt er mehr oder weniger friedlich. Witja hat ihn vor kurzem abgelöst und ist zu Sossima gefahren [ins Lager Solowki]. Grüßen Sie Ihre Mama. Der Herr sei mit Ihnen.

„Alles liegt in Gottes Hand"

Briefe des Priesters Anatolij Schurakowskij und
Erinnerungen an ihn*

Vater Anatolij Schurakowskij wurde 1897 in einer gebildeten Familie geboren und wuchs ohne religiöse Erziehung auf. Schon als Student nahm er an der Tätigkeit der Kiever Religionsphilosophischen Gesellschaft teil und wandte sich mit zwanzig Jahren zum Glauben. 1915 wurde er Student der Kiever Wladimir-Universität, 1920 empfing er die Priesterweihe und sammelte durch seine Predigten insbesondere junge Leute aus der Intelligenz um sich. 1923 wurde er zum ersten Mal verhaftet und in die Verbannung geschickt. Nach einem Jahr und neun Monaten konnte er nach Kiew zurückkehren. 1930 erneute Verhaftung, in Gefangenschaft bis zum Tode (an Tuberkulose) am 10. Oktober 1939.

Aus den Erinnerungen

Mariä Schutz und Fürbitte des Jahres 1930 war der letzte Tag, an welchem unser Väterchen Gottesdienst feierte. Am 1. Oktober wurde er verhaftet und lange zuerst in der Lubjanka, dann in Butyrki (zwei berüchtigten Moskauer Gefängnissen) festgehalten, um schließlich, nach einjähriger Untersuchung, verurteilt zu werden. Vater Anatolij und Bischof Dmitrij von Gdowsk rief man aus ihren Zellen und las ihnen das Urteil vor: „Tod durch Erschießen". Das Väterchen und der Bischof bekreuzigten sich, und nach eini-

---

* Aus „Nadjeschda" Nr. 10

gen quälenden Sekunden wurde das Urteil zu Ende gelesen: „Das Todesurteil wird in zehn Jahre Lagerhaft umgewandelt."

So begann der Gang durch die Lager – Swirj, Solowki, Weißmeerkanal ...

Aus den Briefen

Swirjlag, Dezember 1931

Ich bin bedeutend näher von zu Hause, als ich annahm, nämlich nicht auf den Solowki, sondern in den Swirj-Lagern (Anm. d. Ü.: am Fluß Swirj zwischen Ladoga- und Onega-See nordöstlich von Leningrad wurden in den dreißiger Jahren mit Hilfe von Häftlingen drei Wasserkraftwerke gebaut). Meine Adresse lautet „Waschany, Geb. Leningrad, 2. Abt. der Swirj-Lager." Ich verrichte verschiedene Gelegenheits- und Büroarbeiten, am häufigsten war ich Wächter. Die Wacharbeit – 8 Stunden an der Luft, allein mit sich selbst – behagt mir, zumal ich warme Kleider trage und die Kälte nicht spüre ... Die Wohnverhältnisse waren verschieden, jetzt sind sie durchaus befriedigend. Die Gesundheit ist wie üblich, und auch die Nahrung ist ganz zufriedenstellend. Ich bin guten Mutes und lebe im Glauben an Gott ...

Swirjlag, 14. Januar 1932

Ich erhalte Pakete und Briefe. Nach einer Neuverteilung der Kategorien bin ich in die dritte Invalidenkategorie eingeordnet worden – unter Anrechnung der geleisteten Arbeitstage. Meine Haftzeit wird vom 10. November 1930 alten Stils an, d. h. vom Tag meiner Ankunft in Moskau, gerechnet. – Mein Urteil beruht auf dem 6. oder 11. Punkt des Paragraphen 58 (Anm. d.Ü.: es handelt sich um den „politischen Paragraphen". Punkt 6: Spionage, Punkt 11: erschwerende Umstände eines beliebigen „Verbrechens").

Meine neue Adresse: Swirjstroj, Geb. Leningrad, 1. Abt. der Swirj-Lager. Ich lebe jetzt im Wald, wo es im Sommer gewiß angenehm sein wird, und habe ein Zweierzimmer (zu zweit), was für mich ein unerhörter Luxus ist. Ich arbeite wenig und helfe aus eigenem Antrieb nur in der Rechnungsführung, da mich meine Tuberkulose von jeder Zwangsarbeit befreit ...

Tolstoj-Datsche*, 8. März 1932

Ich liege – mit meiner Tuberkulose als Chronischkranker eingestuft – in einer großen Holzbaracke auf einer gesonderten Pritsche. Diese Lazarett-Atmosphäre ist mir zur Genüge bekannt, geriet ich doch jedesmal, wenn ich irgendwo einsaß, auf eine Krankenpritsche. Auch in Butyrki war ich letztes Mal in der Krankenabteilung, und zwar gleich zweimal (...). Wie staunte ich, als man mich dort in ein bekanntes Zimmer brachte: beide Male nämlich lag ich in demselben Raum wie im Jahre 23. Hier bin ich nun auch schon zum zweiten Mal in der bewußten Abteilung, schon über einen Monat. Ja, das ist halt meine gewöhnliche, altvertraute Schwindsucht mit ihrem Aufflackern.

In der Baracke hat es recht viele Menschen, doch bin ich unter ihnen einsam. Es sind größtenteils Verbrecher mit ihrem unerträglichen Jargon – ihre Seelen sind wohl schon in der Kindheit umgekrempelt und verdorben worden. So schweige ich tagelang, höre aber oft zu. Ich möchte tiefer in die schreckliche Welt dieser Seelen eindringen und ihre charakteristischen Züge erfassen und betrachten. Mein Schweigen und meine Einsamkeit bedrücken mich nicht. Sie erinnern mich an die unvergeßlichen Tage meiner viermonatigen Isolation, als ich nicht nur allein, sondern ohne ein einziges Buch lebte.

---

* Die „Tolstoj-Datsche" war ein Lagerpunkt für kranke Häftlinge 25 km von der Bahnstation Djedy entfernt. Vater Anatolij war zu dieser Zeit in die 2. Kategorie eingeteilt, was 60 Prozent Arbeitsfähigkeit entsprach.

31. März 1932
Stell Dir eine Apotheke vor mit allen möglichen Fläschchen, den verschiedensten Gläschen und einer Waage, und inmitten all dieser Regale und Fläschchen stehe ich im weißen Kittel an der Arbeit. Sie ist interessant, sogar spannend. In der Freizeit studiere ich die Theorie des Apothekerwesens; etliche Bücher darüber habe ich bestellt. Die Lebensbedingungen sind gut, so gut wie noch nie, seit ich im Lager bin. Die Gesundheit hat sich gewaltig gebessert und entspricht nun dem üblichen Zustand.

So sieht mein Leben heute aus; was morgen kommt, weiß ich nicht, denn hier sind Wechsel nicht selten.

Die Liebkosungen, die uns Gott auf unserer leidvollen Reise schickt, sind wie eine Vorahnung der grenzenlosen Freude und Gnade, die uns im Schoße des himmlischen Vaters erwarten. Weißt Du noch, wie wir zu dritt am Tage der Vierzig Märtyrer den Sticheron und die Worte Basilius' des Großen lasen: „Grimmig der Winter, doch süß das Paradeis; quälend der Frost, doch selig die Ewigkeit." Wie oft wechselte ich in meiner Einsamkeit mit Dir in Gedanken diese Worte und gedachte meiner geliebten Hymnen und Gesänge ... Hier ist schon Frühling! Man wacht am Morgen auf, und obwohl vor dem Fenster sich kein lustiges Bild darbietet, ist der Himmel ganz rosa und hellblau, und alles wird von den Sonnenstrahlen vergoldet.

Karsamstag
Am Karsamstag, zur Stunde, wo der Altar umgedeckt wird und die Priester ihre Trauergewänder ablegen, bin ich nicht mehr am Altar und wechsle meine Kleidung nicht. Ich trauere und arbeite, aber die Seele legt nun die Trauer ab und kleidet sich in Freude und Frohlocken. Ruhm sei Gott, sagt, nein singt mein ganzes Wesen mit jeder Faser: Ruhm sei Gott!

1. Mai 1932

Ich sitze außerhalb des Lagers vor dem hohen Zaun. Vor mir erstrecken sich unsere Wälder des Nordens, ihre Lichtungen und einzelnen verstreuten Baumgruppen; der Morgen ist klar und der Himmel ganz hellblau. So ist es selten hier, die übliche Farbe des Himmels ist bleigrau. Meine Gesundheit ist wie gewöhnlich; ich arbeite jetzt nicht mehr in der Apotheke, sondern wieder als Wächter (ich bewache das Heu). Wieder lange, einsame Stunden. Das ist wohl vonnöten: die Seele ist jetzt frei, das Beten geht leichter, Erinnerungen und Gedanken verweben sich ineinander ... Ich habe Turajews „Geschichte des Orients" erhalten und lese ein bißchen darin. Ich wohne in der allgemeinen Baracke und halte meine Wache vor dem Lagerzaun.

31. Mai 1932

Der Herr hat mir das Teuerste genommen, meine Priestertätigkeit und den Altar. Für wie lange, kann ich nicht sagen, aber ich weiß und bekenne: Es ist würdig und gerecht. „Gerecht bist du, o Herr, und gerecht sind deine Urteile!" Mein Leben fließt dahin wie gewohnt, man wird gegen 5 Uhr von einem Getöse geweckt und muß sich beeilen, um in der Baracke zu seinem Brei zu kommen. Bis 7 Uhr muß alles erledigt sein, und dann geht's schnell zur Arbeit. Gegenwärtig wird im Wald gearbeitet: Wir nehmen Baumstämme in Empfang, sortieren sie und entrinden sie. Dies ist meinen Kräften angemessen, und ich denke, im Sommer ist das gesünder, als drinnen zu bleiben. Von den Strahlen der Sonne, auch der nördlichen, und vom Wind ist mein Gesicht schwarz geworden ... Ich kehre müde von der Arbeit zurück, esse etwa um 4 Uhr (einer unserer Mitgefangenen kocht uns aus unseren eigenen Vorräten etwas als Zugabe zur allgemeinen Mahlzeit) und lege mich eine oder zwei Stunden hin, dann, nach dem Appell, ist man meistens draußen, in einsamen Gedanken und Erinnerungen, manchmal in Gesprächen. Um zehn verrichte ich die Nachtgebete und finde um elf, zwölf einen festen, guten Schlaf. Dabei sind die Nächte hier ganz weiß, ohne Schatten und Finsternis. Das zum äußeren Lebensablauf – das Innenleben hingegen ist eine andere Welt. Da gibt es Erinnerungen, Träume, Hoffnungen und das, was übers Träumen hinausgeht, nämlich kleine Teilchen echten Lebens ... Äußere, das Herz berührende Interessen gibt es ja fast keine hier; um so klarer kommt die innere Welt mit ihren Schätzen und Fragen zum Vorschein.

In meinem Leben habe ich so viel gelesen und überdacht, daß mir nach dem Wort Gottes das am liebsten und notwendigsten dünkt, was ich früher – zu meinem Unglück flüchtig – in den Büchern der heiligen Glaubensstreiter las. Deren Worte sammle ich stundenlang in meinem Gedächtnis zusammen, und wenn ich sie gefunden habe, umkreise ich sie aufmerksam in Gedanken.

„Der Altar des Herzens" – „das unaufhaltsame Gebet" – „möge sich der Name Jesu mit deiner Atmung vereinigen". „Wo du auch seist und mit wem auch immer, sei stets der Letzte." „Das Größte und Wichtigste, die Wissenschaft der Wissenschaften und die Kunst der Künste ist, in sich zu gehen und sich zu erkennen." Das ist für mich jetzt das Wesentliche. Der heilige Ignatios kommt mir in den Sinn (Anm. d. Ü.: Bischof von Antiocheia, wurde unter Kaiser Trajan [98–117] mit mehreren Gefährten gefesselt nach Rom gebracht, wo er den Tod durch wilde Tiere erwartete. In der Gefangenschaft verfaßte er sieben Briefe). Nach einem langen Leben schrieb er auf dem Weg nach Rom: „Erst jetzt beginne ich, ein Jünger zu sein." Wie möchte auch ich innerlich zu lernen anfangen und nach so langen und ach, so zerstreuten und unerfüllten Jahren mit ihm sagen können: „Ich beginne, ein Jünger zu sein." Ich glaube in meinem Herzen, daß dann das Wunder und die schmerzliche, aber wunderbare Gabe des Leidens in Erfüllung gehen wird. Dann würde er wohl, und sei es auch nur ein einziges Mal noch in meinem Leben, die Worte der heiligen Erhebung des Lammes von mir als seinem Priester annehmen. So sei es, so sei es.

11. Juni 1932

... die Rückkehr zum Altar scheint gegenwärtig nicht nur nicht möglich, sondern ganz einfach undenkbar. „Ich bin nicht würdig", das ist das Wichtigste im Bewußtsein des Priesters. Und es ist mir, als wagte ich es jetzt nicht einmal, wie David, das Heiligtum zu berühren – ich würde nur in der Ferne die Erde küssen, von der aus sich der Blick auf das Land des Heiligtums öffnet.

Ich habe jetzt eine neue Beschäftigung – ich flechte Körbe aus großen Spänen. Ich wundere mich, daß mir diese so ungewohnte und fremde Handarbeit irgendwie gelingt.

Es ist schon 10 Uhr. Die taghelle, an den Tag ohne Abend gemahnende Nacht ist eingebrochen.

Solowki, 25. Oktober 1932

Das Meer, wieder das Meer, gebieterisch, machtvoll und uferlos, majestätisch. Wieder sehe ich es, wie in jenen Tagen, als wir so nahe beisammen waren, in den Tagen unserer gemeinsamen, abgeschiedenen Freude und Liebe. Wiederum es, doch ist es jetzt anders, sieht sich nicht mehr ähnlich, es ist finster, kalt, schwarz ... Und doch ist es das Meer. Ich bin im Schutz und Schoße dessen, der mich an der Rechten führt. Ich bin mit dem Ortswechsel zufrieden und trauere den Swirj-Sümpfen nicht nach. Auch waren die Lebensbedingungen dort nicht leicht, und ich hatte keine nahen, besonders teuren Menschen um mich – es gab also nichts zu verlieren. Hier aber finde ich eine Natur vor, deren Schönheit gleichzeitig „durchsichtig", großartig und karg ist. Nicht umsonst ist einst Nesterow hierher zeichnen gekommen (Anm. d. Ü.: Michail Wassiljewitsch Nesterow, 1862–1942, war vor der Revolution religiös-symbolistischer und historischer Maler). Nun, das sind nur meine ersten Eindrücke, aber sie sind besonders sanft und feierlich. Sie haben mich vom ersten Augenblick an ergriffen, als ich vor zwei Tagen spät abends, nach dreistündigem Schaukeln, das zum Glück gar nicht auf mich gewirkt hatte, mit den anderen zusammen auf dieser Insel an Land ging und sich vor mir unter dem nördlichen Sternenhimmel die Mauern und Türme des Solowki Klosters erhoben.

Meine Adresse: Gebiet Archangelsk, Poststelle Popen-Insel, 1. Abt. der S-LAG, Lagerpunkt Nr. 1.

21. Dezember 1932

Die Lebensbedingungen sind hier so gut, daß, stünden wir am Anfang unserer Trennung, man Deine Versetzung hierher beantragen müßte. Ich habe die 2. Kategorie erhalten. Hier führe ich keine schweren Arbeiten aus, bleibe bei meiner alten Arbeit und glaube, es werde nichts Schreckliches geschehen.

Ich denke nur ans Eine. Man sagt, im Sommer flögen viele Möwen hierher, lebten im hiesigen Kreml fast wie zahm. Von der Höhe der Kremltreppe schaue ich den flammenden Siegeswolken über dem dunklen und stürmischen Meer nach. Auch das Leben ist ein stürmisches, grenzenloses Meer, und dort, am Horizont, leuchten die Strahlen des nie vergehenden Lichts ... Besonders nach der Einzelzelle wurde die Unsterblichkeit für mich so klar, unzweifelhaft und augenfällig ...

Solowki, den 28. März 1933

Nicht umsonst fällt die Karwoche in den Frühling: Ihre geheimnisvolle Eindringlichkeit und Herzenstrauer verbindet sich stets mit dem ersten frühlingshaften Aufblühen der Seele. Neben diesen frohen Erinnerungen tauchen im Gedächtnis andere auf: die Kirche, die Gottesdienste und Gesänge der Karwoche, die Folge der biblischen Bilder, das

Brautmahl, der geschmückte Palast und sein in diesen Tagen so trauerndes Antlitz. Und obwohl er mir die Freude und das Wunder dieser Gottesdienste geraubt hat, bildet doch alles, was ich in ihnen und durch sie erleben durfte, einen solchen Schatz, daß meine Seele, die ihn in sich aufgenommen hat, nicht nur Monate, sondern Jahre, Jahrhunderte davon zehren kann. Hier trifft sein trauriger und sanfter Blick genauso wie dort in der Kirche mein beschämtes und um seine Unwürdigkeit wissendes Herz. Denn die Freude der Auferstehung ist in der ganzen Welt und auch in uns und für uns.

Solowki, den 26. Mai 1933

Vor drei Tagen sind endlich verhältnismäßig warme Tage gekommen. Es roch nach warmem Wind, und der Wind ist das Entscheidende am hiesigen Wetter.

Die Insel verwandelt sich in ein richtiges Märchen. Vorgestern – es war ein freier Tag – wanderte ich hier herum, kletterte von Anhöhe zu Anhöhe, und von jeder Anhöhe bot sich ein neues Märchen dar, ein neues Gedicht, ein Gedicht der Stille, des Schweigens, des Blaus und des Eingeschlossenseins. Zahllose kleine Seen befreien sich vom Eis, und es scheint, als hüteten sie ganze verschlossene Welten einer glasklaren Harmonie. Von überall drängen sich die Reihen der spitz auslaufenden, unvergänglich frischen Tannen heran. Überall auch das Meer, das freie und grenzenlose – nur stellenweise wird seine Fläche von Eisschollen durchbrochen, die vom Ozean zusammengetrieben worden sind.

Es ist so ungewöhnlich, das Meer zu sehen und gleichzeitig den vertrauten Ruf des Kuckucks zu vernehmen ... Die Ammern zwitschern unaufhörlich, und mit einem eigenartigen Geräusch ziehen Wildgänse über mir her.

Die Nächte, die Sonne kennt hier keinen Abend, keinen Untergang: Um ein zwei oder drei Uhr morgens lese ich wie am Tag. Alles ist so ungewohnt, so märchenhaft.

Solowki, den 9. August 1933
Die Roheit des Lebens, die bis zur sittlichen Verwahrlosung reichende Roheit der mich umgebenden Menschen ist eine große Prüfung. Grobe Wörter, Gesten und Blicke, kurz diese moralischen Stöße der Mitmenschen sind unvergleichlich schlimmer und qualvoller als alles andere, als Schmutz, Dunkelheit und Hunger.

Der Liebende führt mich auf den Tabor, das glaube und hoffe ich. Er nimmt mir jede Freude, sogar die Freude des Gebets, er überläßt mein Herz großen und kleinen Wunden, auf daß es sich, endgültig zermalmt, blutend und seine grenzenlose Schwachheit und erkennend, ganz und für immer in Gottes Hände begebe. Ich beobachte mich mit unwillkürlicher Unruhe. Der Tod der jeder äußeren Hilfe beraubten Seele scheint beinahe unausweichlich, ich erinnere mich an die Worte: „Meine Kraft ist in der Schwachheit mächtig" und berühre den Saum seines Gewandes.

Äußerlich geht alles gut. Ich bin jetzt Schriftführer in der Sowchose. Die Arbeit ist mühselig und neu für mich. Doch das ist alles bedeutungslos, ich erhalte ja Pakete und bin den Sommer über zu Kräften gekommen. Ich spaziere oft und bringe Heidelbeeren und Brombeeren her, ich lebe in einem netten hellen Zimmer hinter dem Kreml, in alle Fenster scheint Schönheit.

Auch das Meer, der See und das Gestein sind in Schönheit gekleidet.

Die Tage jagen einander.

Parandowo, 26. Februar 1934
Sonntag der Kreuzesanbetung (= Dritter Fastensonntag). Morgen fahre ich wieder irgendwohin, offenbar zum 4. Lagerpunkt zurück: Das ist mein rast- und obdachloses Leben hier. Doch ich spüre, daß der Monat, den ich am Ufer des rauschenden Wyg verbracht habe, nicht umsonst im Fluge vergangen ist, habe ich doch über manches nachgedacht.

Die Gründe für den erneuten Wegzug sind unklar. Wohin es geht, ist letzten Endes nicht so wichtig. Wenn nur mein Herz in ihm und mit ihm bleibt.

Parandowo, 27. Februar 1934

Mein Leben nimmt langsam wieder einen geregelten Gang. Ich bin jetzt Statistiker, die Lebensbedingungen sind recht gut ... Und überhaupt geht es mir nicht schlecht im Lager, das ist ja die Hauptsache ...

Sosnowez, undatierte Postkarte

Ich nehme alle Prüfungen auf mich. Sie haben schon begonnen. Dabei war alles so gut, die Arbeit, die Menschen ... Doch wie das gewöhnlich ist auf meinem Weg durch die Lager, hat sich schon am ersten Tag alles auf einen Schlag geändert. Ich bin jetzt in der allgemeinen Baracke und bei den allgemeinen Arbeiten. Doch all das macht mir jetzt keine Angst und scheint mir nicht qualvoll ... Es ist alles ohne den geringsten äußeren Anlaß so gekommen. Schicke mir nichts Überflüssiges, es wird für mich schwer sein, die Sachen zu bekommen. Meine Adresse: 5. Abt. BBK (Weißmeer – Baltischer Kanal), Dorf Sosnowez, 2. Lagerpunkt.

Station Wygosero, 1. März 1934

Ich bin wieder am Wyg, wo man mich zu den allgemeinen Arbeiten versetzt hat. Ich bin draußen, säge, baue. Es scheint mir tatsächlich, das sei besser und einfacher als die schwere Büromühe. Überhaupt spüre ich, wie alle diese äußeren Wechsel mich immer weniger erregen und berühren, obwohl sie mich physisch natürlich stark erschöpfen. Daß es mit der Postzustellung wieder hapert, betrübt mich außerordentlich. Ich lebe in einer kleinen Hütte am Steilufer des Wyg. Hier gab es Siedlungen der Altgläubigen, die Zuflucht vor dem Gesetz suchten. Der Wyg ist ein merkwürdiger Fluß: Er gefriert nicht, sondern rauscht endlos – einmal schwächer, einmal stärker – in seinem tiefen, steinernen Bett dahin. Sein Weg führt ihn über Schwellen, und stellenweise bildet er Wasserfälle.

Frühmorgens stapfe ich über den verschneiten Weg und blicke zum anderen Ufer. Jeder Tag ist neu geschmückt und stellt in Gold, Purpur und Blau die Offenbarung dar.

Sosnowez, 22. März 1934

Bin heute nacht wegen meiner Tuberkulose in Sosnowez angekommen, zusammen mit Invaliden und solchen, die zu einer medizinischen Nachuntersuchung aufgeboten sind. Was daraus werden soll, weiß ich nicht; ich fürchte, nur wieder Reisen und Umherziehen u. ä. Aber alles ist in seiner Hand.

Bin gut gereist und kann mich recht und schlecht einrichten. Nur sind hier alles neue Menschen, ich kenne niemanden. Vielleicht fahre ich nach Kusema mit einem Invalidentransport in der 9. Abteilung.

Sosnowez, 27. April 1934

Bin nun doch hiergeblieben, man hat mich als nicht voll invalid eingestuft (3. Kat., 60 Prozent, leichte Arbeiten im Lager). Ich bin froh, daß ich einer langen Reise mit mühsamen Etappen entgangen bin. Eine bestimmte Beschäftigung habe ich noch nicht zugewiesen bekommen, wurde aber heute zu den allgemeinen Arbeiten geschickt; sie sind nicht schwer. Wie sich die Dinge weiterentwickeln, weiß ich nicht, doch scheint es, ich sei Schlimmerem entgangen (Solowki und anderen Aussichten). Das Paket habe ich erhalten. Mit den Postsendungen wird es hier überhaupt besser werden, wir haben hier eine zentrale Versandstation. Man schicke nur keine Lebensmittel zum Kochen, denn die Herde sind den Winter über weg, und kochen kann man nirgends.

Tunguda, April 1934

Ich schreibe von einem neuen Ort aus: 2. Lagerpunkt, 5. Abt., Station Tunguda. Bin heute nacht hier angekommen. Wie lange ich hier bleiben werde, kann ich nicht sagen, aber ich glaube, es geht bald weiter. Wohin? Vielleicht nach Solowki, vielleicht in eine andere verlassene Gegend. Ich bin ruhig und froh. Äußerlich ist alles gut, nur die Pakete bleiben stecken. Besonders ärgert mich, daß die Stiefel noch nicht eingetroffen sind.

Sosnowez, Mai 1934

Ich bin hier bei den allgemeinen Arbeiten (...) Wie gut zu wissen, daß alles in Gottes Hand liegt, daß es keine besondere Arbeit für Gott und keine speziellen Orte für den Dienst an ihm gibt, sondern daß jede Arbeit und jeder Ort geeignet sind, Gott zu dienen. Etwa dieser schmale, steinige Weg, der sich durch die kümmerlichen Tannen und die eben erst sprießenden Sträucher windet: es ist sein Weg. Oder die Arbeit mit den Baumstämmen und Brettern, die wir aus dem Wald schleppen: es ist seine Arbeit, Dienst an ihm. Und auch diese Holzbaracke mit den Pritschen, sie kann sein geheimnisvolles und von Gnade erfülltes Reich sein.

Wir haben jetzt hier wieder die Gelegenheit, Essen zu kochen. Eure grenzenlose und selbstlose Großzügigkeit beschämt mich.

Sosnowez, 17. Mai 1934

Es geht schon wieder auf die Reise. In zwei Tagen muß ich nach Tunguda fahren und dort auf die nächste Verlegung warten. Meine Hoffnungen auf bessere Lebensbedingungen waren verfrüht. Im übrigen habe ich hier ja nichts zu verlieren, und ich reagiere auch nicht mehr so sensibel auf all diese Wanderungen und Unannehmlichkeiten.

Die letzten Tage waren sehr mühselig. Ich war für einige

Zeit wieder Statistiker, wobei die Umstände es erforderten, daß ich Tag und Nacht pausenlos beschäftigt war. Das war natürlich schlimmer als alle allgemeinen Arbeiten, da es meine Seele in Unruhe und Trubel versetzte, so daß ich die geliebten Pfingsttage nicht so erlebte und verbrachte, wie ich wollte.

Nur in einzelnen Augenblicken senkte sich mitten in der Hetze und der Unrast die Freude tief ins Herz, und ich dankte Gott, bis mich der Strudel der leeren Geschäftigkeit wieder mitriß.

Aus den Erinnerungen

Tunguda, Mai 1934
Wir kamen am Morgen im Lagerpunkt Tunguda an. (Dies war nicht der erste und nicht der einzige Besuch, den Vater Anatolij im Lager erhielt. Seine geistlichen Kinder erinnern sich, daß bis zum Jahr 1935 mehr als ein Besuch pro Jahr gestattet wurde: Das hing von der Arbeit der Gefangenen und von den Direktiven der Lagerführung ab. Zugelassen wurden Verwandte, wobei der Verwandtschaftsgrad unwichtig war; meist wurde überhaupt nicht nachgeprüft, ob ein solcher bestand. Dem Besucher wurde eine Gesamtzahl von Stunden zugestanden sowie die Anzahl von Tagen, an welchen diese Stunden „aufgebraucht" werden konnten, so wurden z.B. 16 Stunden in 8 Tagen, d.h. 2 Stunden pro Tag, erlaubt. Es kam jedoch vor, daß die Wache nachlässig war und man die Besuche verlängern konnte. Zuständig für die Besuchsregelung war der Wachkommandeur, welchem die Besucher Paß und Besuchserlaubnis vorweisen mußten. Zum ersten Mal besuchten die Gemeindemitglieder Vater Anatolij zu Lichtmeß 1932, dann an Weihnachten 1933; ein dritter Besuch am Fest der Ikone der Gottesmutter von Kasan im Juli des gleichen Jahres kam nicht zustande, da der Gefangene verlegt worden war. Zur selben Zeit kam Nina Schurakowskaja nach ihrer Befreiung aus dem Lager

nach Kem, erfuhr dort, ihr Mann sei bereits nicht mehr dort, und sandte ihm ein Paket nach. Nach ihrer Rückkehr in Kiew fand sie einen Dankesbrief von ihm vor. 1934 konnte Nina Schurakowskaja ihren Mann dank der Nachsicht der Lagerführung inoffiziell besuchen, obwohl kurz zuvor allen Sträflingen Besuche verboten worden waren. Dieser Besuch wird hier beschrieben.)

Der Chef des Lagerpunkts verbat uns strikte, das Väterchen zu sehen; er berief sich auf eine allgemeine Verordnung. Dagegen gestattete er uns, uns in einer leeren Baracke, dem sogenannten „Besuchshaus", aufzuhalten, und versprach, nach Arbeitsschluß einen Gefangenen zur Übernahme unseres Pakets zu uns zu schicken.

Unweit des Lagerpunkts wurden Erdarbeiten durchgeführt. Gruppenweise und einzeln gruben Menschen in grauen Jacken in der Erde und hantierten mit Schubkarren. Etwas abseits standen die bewaffneten Wachsoldaten.

Wir traten näher hinzu. Der kalte Himmel des Nordens war verhangen, und frostiger Regen rieselte herab. Alles war grau, häßlich und trostlos. Von Zeit und Zeit blies ein kräftiger Windstoß und bog die schütteren Birken tief zu Boden. Unsere Füße sanken in der klebrigen, schwarzen Erde ein, und wir kamen nur mühsam vorwärts. Als wir nahe bei den Arbeitern standen, erkannten wir das Väterchen. Er stand da, auf seine Schaufel gelehnt. Sein hageres, ausgemergeltes Gesicht war vom Wind ganz durchfurcht und schien bronzen. Seine Jacke und seine Mütze waren durchnäßt, an seinen Schuhen klebten Klumpen dreckiger Erde. Schließlich kehrte er sich um und erblickte uns ... Er war sehr hungrig, und als er das Brot aß, das wir mitgebracht hatten, überfiel ihn ein nervöses Zittern.

Abends aber, nach der Arbeit, kam der Gefangene „zur Übernahme unseres Pakets" – es war Vater Anatolij selbst.

In der kleinen, schwach erleuchteten Baracke versorgte ich den Wächter mit meinen mitgebrachten Lebensmitteln. Er aß gern, ließ sich in ein Gespräch ein. Er hatte keine Eile wegzugehen, und er überwachte seinen Gefangenen nicht.

Dieser saß in einer dunklen Ecke und sprach mit seiner Frau Nina. Da das Paket, das sie ihm mitgebracht hatte, „zu groß" war, hatte er einen guten Grund, am Abend darauf noch einmal zu kommen und den Rest in Begleitung einer Wache abzuholen.

Nadwojzy, 16. August 1934

Ich bin schon wieder umgezogen. Gestern nahm ich Abschied von Tunguda und besonders von der Baracke beim Damm, in der ich so viele Erinnerungen zurücklasse.

Nachts sind wir mit der ganzen Brigade in Nadwojzy (Ca. 500 km nordöstlich von Leningrad; Anm. d. Ü.) angelangt: wir hatten 45 Kilometer des Wegs auf einem Boot im Kanal und auf dem Wyg zurückgelegt; etwa 12 Stunden waren wir unterwegs, der Tag war sonnig und heiß. Die vereinzelten Wolken waren ganz von Licht durchdrungen – es war wie in meiner Seele. Von der Lage her ist Nadwojzy sehr anziehend. Die Luft ist besser und die Erde sauberer als in Tunguda (der Boden ist nicht sumpfig, sondern felsig). Alles ist ähnlich hell und klar und erinnert darin an Solowki. Besonders schön ist der Wyg-See, der zwischen dem Wald hervorleuchtet.

Nadwojzy, 19. August 1934

Es ist schon Nacht, die Baracke schläft, und ich schreibe. Welche Rechenschaft werde ich für den heutigen Tag und für alle bisher durchlebten Jahre meinem Gott am Tage des Gerichts ablegen? Auch heute hat er recht, wenn er mich dessen beraubt, zu dem ich berufen war, der Teilnahme an seinem Abendmahl nämlich. Die Trennung von seinem Thron quält mich unendlich, doch mein Herz bekennt die Richtigkeit seines Richterspruchs.

In den letzten Tagen war ich von den anderen nicht so abgekapselt wie früher und konnte mich deshalb in meiner

„inneren Zelle" nicht sammeln. Von der Zerstreuung und der geistigen Zerfahrenheit aber wird alles Innere entwertet und welkt ... Alle Freude und das ganze Leben sind ja im inneren Schatz beschlossen, und wenn dieser im Herzen verarmt, wird das Leben alltäglich und herbstlich.

Ich arbeite als Holzfäller. Das Wetter ist ausnehmend schön; klare, helle Tage, obwohl es von Tag zu Tag kälter wird. Bald schon braucht man wieder Fausthandschuhe. So oft hat man mir schon welche geschickt ... Ich erwarte die versprochenen Bücher.

Nadwojzy, 6. September 1934

Mein Leben spielt sich weiterhin auf zwei Ebenen ab. Äußerlich hat sich nichts verändert: viel Arbeit und Müdigkeit. Ich habe viel Holz gesägt und bringe es fertig, zehn Ster in der verlangten Zeit aufzuschichten. Jetzt schleppe ich mit Schubkarren und Tragbrettern Lehm, und trotz Müdigkeit und Erschöpfung vermag ich der körperlichen Arbeit etwas abzugewinnen. Es ist etwas in ihr, was jeglicher Hast Widerstand leistet und mit der inneren Arbeit harmoniert, ja sie fördert. Das ist das Wichtigste, das „zweite Leben", das echte, welches Tag für Tag sich wandelt und neu geschaffen werden muß. Bisweilen scheint es, als erreiche man jetzt gerade das ersehnte Tor zum Reich Gottes, als sei die schwierige Hauptaufgabe des Lebens in einem Augenblick und nach einer letzten Anstrengung gelöst, als sei jener Punkt gefunden, an dem sich die ganze Welt in den Strahlen der Gnade auftut und wo Stille, Ruhe und Gottes Nähe sind ...

So scheint es, doch der Augenblick vergeht, und irgendein zufälliger Umstand, eine ärgerliche Kleinigkeit oder ein inneres Aufbrausen zeigen uns, wie schwer der Weg zu Gott ist und wie weit weg all das noch ist, wovon mir träumte. Ich fühle mich ständig als Lernender. Es will mir manchmal scheinen, die echten praktischen Philosophiestunden würden nicht dort, im gemütlichen Seminar an der

Universität, sondern hier am Schubkarren abgehalten. Nur erhalte ich hier keinen Prüfungsausweis ...

Nadwojzy, 4. Februar 1935

In letzter Zeit erschöpft mich die Arbeit besonders – ich war in der Holzverarbeitung beschäftigt, was noch mehr ermüdet als das Sägen (obwohl mein Invaliditätsgrad auch letzteres verbieten würde). Ich ermüde schnell, und trotzdem scheint das Leben so erfüllt, interessant und reich. Das Erste und Wichtigste ist jene innere Aufgabe, die ich stets vor Augen habe: der Bau der inneren Kirche. Ich merke, wie klein meine Anstrengungen sind, und sehe, daß ich auf meinem ganzen Weg bisher noch nicht einmal das Fundament dazu gelegt habe. Ebbe und Flut lösen sich ab, und wie oft treibt mich die Ebbe zum Anfangspunkt zurück und zerstört gleichsam die schon geernteten Früchte meiner Arbeit. Und trotzdem: wie erfüllen mich auch diese Wechsel der verschiedenen geistlichen Übungen und Gebete. Diese dringen in die körperliche Arbeit ein, nehmen ihr den Stachel und verwandeln ihn so unsichtbar in einen Dienst. Gleichzeitig erlebe ich dieses Versenken in mich selbst als einen Dienst an der Welt. Und wenn ich mir die lange Reihe der Namen von geliebten Menschen wie die wertvollen Perlen eines Rosenkranzes vornehme, spüre ich, wie die große Entfernung zu diesen Menschen schwindet.

Das Zweite ist die Geistesarbeit. Auch in den schwersten Tagen bringe ich es fertig, anspruchsvolle Dinge zu lesen und darüber nachzudenken. Auch jetzt, wo ich um halb sechs von der Arbeit komme und bis sieben ausruhen kann, nehme ich mir Bücher vor, und beim Lesen und Nachdenken nehme ich den Barackenlärm gar nicht mehr wahr. Alles richtet sich nach dem einen Zentrum aus, und die Spitze, die sich gegen die Grundlagen meiner Weltanschauung richtet, wird in mir zur freudigen Bejahung, zum Hosanna ... Vor einigen Tagen hörte ich zufällig die herrliche Mondscheinsonate, die ich so liebe.

Nun zum Prosaischen. Es ist nicht nötig, Hosen zu kaufen und mir zu schicken. Ich habe ein paar gute, wattierte und noch gut erhaltene bekommen.

Nadwojzy, 10. Mai 1935

Irgendwo muß es doch einen richtigen, warmen Frühling geben. Es muß doch einen Ort geben, wo die Birken ausschlagen, wo die Narzissen und der Flieder blühen, wo die Sonne einen mit ihren goldenen Strahlen zu wärmen vermag. Dabei war ja gestern schon das Frühlingsfest des heiligen Nikolaus (Anm. d. Ü.: Am 9. Mai feiert die Ostkirche die Überführung der Reliquien des heiligen Nikolaus von Myra nach Bari. Dieser Feiertag wird der „Frühlingsnikolaus" genannt, im Gegensatz zum anderen Fest dieses Heiligen, das auf den 6. Dezember fällt). Aber unter unserem nördlichen Himmel hat man davon nichts gemerkt. Höchstens in der Luft spürt man vielleicht etwas Frühlingshaftes. Wenn man nämlich über die gestrickte Unterjacke, das warme Hemd und den Pullover noch die wattierte Jacke anzieht, friert man gegen Mittag und wenn kein Nordwind bläst – das ist selten – etwas weniger. Der Fluß ist bereits dunkler geworden und wird wohl bald in Bewegung kommen. Der Schnee liegt zwar nur noch fleckenweise, doch gleicht dies alles so wenig einem richtigen Frühling wie die qualvolle Einsamkeit einem richtigen, volltönenden, von Licht und Lächeln durchdrungenen Leben. Es braucht Geduld ... Wenn nur die Seele nicht erkaltet und erfriert dabei, wenn sie nur nicht endgültig verwelkt und ganz verkommt in dieser Hast und niederschmetternden Freudlosigkeit. Und doch weiß ich, daß der Herr nahe ist, daß diese Finsternis und Ärmlichkeit vor allem von mir selbst und von meiner eigenen geistlichen Freudlosigkeit stammt.

Nadwojzy, 27. August 1935

Ich lese viel, doch die ganze verhältnismäßig große Bibliothek gäbe ich für ein Regal meiner eigenen Bücher hin. Überhaupt bin ich immer mehr davon überzeugt, daß man die Klassiker immer wieder lesen und neu überdenken soll. Dies gibt sehr viel mehr her als jede zufällige Lektüre. So habe ich oft den „Hamlet" gelesen. Für mich ist dieses Werk ein Spiegel der Welt. Die Interpretationen von Goethe, Bjelinskij und Freud scheinen mir unbefriedigend, denn in meinem Verständnis, das auf der Idee der Auferstehung und der Trauer über die verstorbenen Väter basiert, ist „Hamlet" wirklich eine großartige Intuition und ein menschliches Dokument.

Mach Dir keine Sorgen wegen meiner Gesundheit, alles geht gut. Man spritzt mir Arsen, was mir nicht sehr paßt, denn ich bekomme davon einen Wolfshunger. Arbeiten tu' ich wie gewöhnlich. Mein „Dienst" besteht im Sägen und im Ausladen von Baumstämmen, oft nachts, was unangenehm ist. Bald soll unsere holzverarbeitende Fabrik in Betrieb genommen werden.

Mir scheint manchmal, das Alter könne jene Freude bringen, welche wir wie einen blauen Vogel auf all unseren Lebenswegen suchen. Von den atemlosen Leidenschaften den Weg zur Stille finden und dabei das Licht eines jugendlichen Geistes und Herzens bewahren. Darauf warte und hoffe ich.

Nadwojzy, 16. November 1935

Bei uns ist etwas Neues zu melden. Im Strafgesetzbuch gibt es den Paragraphen 401, der besagt, ein Gefangener könne nach Verbüßung der Hälfte der Strafe vorzeitig aus der Haft entlassen werden. Dieser Paragraph, der seinerzeit in den Gefängnissen breite Anwendung fand, ist bisher in den Lagern nicht befolgt worden. Nun ist eine Verfügung eingetroffen, welche dies ändern und besagten Paragraphen grundsätzlich auf alle Lagerhäftlinge – ohne Unterscheidung von Verurteilungsgrund und Haftdauer – erstrecken soll. Man hat diejenigen, welche bereits die Hälfte der Strafe hinter sich haben, auf die Möglichkeit aufmerksam gemacht, eine Eingabe zu verfassen, die von einer hiesigen Kommission geprüft und dann von einer höherer Stelle angenommen werden soll. Auch ich habe, zusammen mit vielen anderen, die Eingabe gemacht, ohne jedoch an deren Erfolg zu glauben ...

Nadwojzy, 4. Dezember 1935
Wenn ich mir die Freiheit vorstelle, sieht sie ungefähr so aus: ein kleines Zimmerchen irgendwo in einem verlassenen stillen Winkel. Alle Zugänge sind geschlossen außer einem Fenster, durch welches goldene Sonnenstrahlen und das Azurblau des Himmels dringen. Vom Äußeren bleibt nur das Notwendigste, nämlich die Arbeit fürs tägliche Brot, die am besten halb körperlich ist, etwa ein Posten als Wächter. Bei der Ikone steht ein Lesepult, ich schlage das Buch auf und schreite, dem Kirchenkreis folgend, von Wort zu Wort, von Schau zu Schau, von Gedenken zu Gedenken und vom Licht zum Licht Gottes. Von all den Erinnerungen meines an Eindrücken reichen Lebens ist mir die Kindheitserinnerung an die Gebete in der Kirche, besonders an die Liturgie, am teuersten. Nach all dem hier Durchlebten zu diesen Erinnerungen zurückkehren, am Abend meines Lebens und befreit von den Leidenschaften; von ganzem Herzen ins Meer der kirchlichen Schönheit tauchen, mich daran erquicken: das ist meine Sehnsucht.

Ich weiß, daß das Fehlen des Gotteshauses eine riesige Entbehrung und ein echtes großes Leid ist, und doch gibt es auch außerhalb der Kirche so viele verlockende Möglichkeiten ... vielleicht ist das eine Idiotie von mir, aber ich empfinde es so und muß es deshalb auch sagen. So lese ich hier sehr viel und höre manchmal Musik von Beethoven, Mozart, Tschajkowskij und Borodin. Aber das sind letztlich doch nur Surrogate, und wenn ich in Freiheit wäre, scheint mir, hätte ich keine einzige freie Minute, da ich meine ganze Zeit der Schönheit der Kirche widmen würde.

Arbeit ist Arbeit, sie erschöpft einen immer, doch ist es nicht mehr so schlimm wie voriges Jahr mit den zehn Ster: an jenes Plansoll erinnere ich mich mit Schrecken. Dazu ist es hier jetzt noch ungewöhnlich warm und windstill: ein herrlicher Winteranfang.

In moralischer Hinsicht ist die Arbeit Erholung und Beruhigung. Schwer zu ertragen ist etwas anderes, nämlich das ständige schlimme Barackenleben mit seinem Lärm, seinen unaufhörlichen, schrecklichen Mutterflüchen und seinen ganzen Schwällen von Exkrementen, die die Luft verpesten – eine Luft, die ich nun schon über fünf Jahre atme.

Heute früh sah ich das Nordlicht; es ist nicht so hell wie in Solowki, aber dennoch schön.

Nadwojzy, 18. Dezember 1935

Ich sende Euch herzliche Weihnachtswünsche; wieder ist ein Jahr, wieder ein Feiertag um ...

Hier ist alles wie üblich, außer daß ich auf meine Eingabe von der örtlichen Instanz einen abschlägigen Bescheid erhalten habe. Man hat mir aber erklärt, ich könne in einem Monat wieder eine Eingabe machen, diesmal mit mehr Hoffnung auf Erfolg. Die Absage sei nicht durch Abneigung gegen meine Person motiviert – meine Referenzen waren ja durchaus gut –, sondern durch allgemeine Erwägungen gegenüber Menschen meines Typs. Kurz: es wird so sein, wie der will, der uns führt. Man soll sich keine Illusionen aufbauen.

Man hat mir einen Halbpelz geschickt. Hier ist es noch sehr warm, zwei bis drei Grad. Ich lese Gogol.

Nadwojzy, 28. März 1936
Christos woskresse! Christus ist auferstanden!
Heute ist Karfreitag. Ich sehne mich so sehr nach dem Gottesdienst. Mich schmerzt die Ungewißheit, die Trennung, das Warten ...

Nadwojzy, 26. Mai 1936
Ich habe eine Neuigkeit: unerwartet hat man mich von den allgemeinen Arbeiten abgesetzt und zum Wirtschaftsstatistiker der technischen Produktionsabteilung gemacht. An Arbeit wird es nicht fehlen – vor mir liegt ein Meer von allen möglichen Zahlen. Ich will versuchen, nicht darin zu ertrinken. Andererseits kann ich mich körperlich etwas erholen. Ich bin gesund, das Wetter ist gut.

Nadwojzy, 23. Januar 1937
Äußerlich gibt es einige Veränderungen zum Schlechteren. Ich bin wieder in der Baracke mit den Doppelpritschen nach dem „Eisenbahnwaggonsystem", im Lager, das Du von weitem gesehen hast. Viele Leute sind hier, ganz verschiedene, es ist lärmig und mühsam. Ich verrichte immer noch die gleiche Arbeit, nur muß ich jetzt vermehrt abends arbeiten. All dies bedrückt und verärgert mich: ein Beweis mehr für meine geistliche Unreife und Schwäche.

Nadwojzy, 6. Februar 1937
Schon lange bevor dies alles geschah, dachte ich, wie schwer es für Dich sein würde, wenn Deine Mama vor dir stürbe. Um Dich hatte ich mir in dieser Hinsicht stets mehr Sorgen gemacht als für sie. Ihre schrecklichen Todesqualen haben auch Dein Leiden vervielfacht.

Während ihrer Leiden sagte man Dir, angesichts solcher Qualen könne man den Glauben verlieren. Ich denke, daß die Menschen, die das sagten, weder je richtig die Kreuzigung betrachtet noch deren Geheimnisse in ihrem Herzen erlebt haben. Das Leiden des Unschuldigen, seine Todesqual, das Kreuz, das er im Angesicht der Ewigkeit auf sich nahm, dies alles ist ja die Grundlage unseres Weltverständnisses, unseres Glaubens ... Die Ansicht, das Leiden sei stets eine Strafe für persönliche Sünden, ist völlig unchristlich – schon im Buch Ijob wird sie deutlich widerlegt. Für unseren Glauben ist das Leiden Umwandlung, Verklärung der Welt als Ganzes und Teilhaben am göttlichen Schöpfungsplan. Wir urteilen immer an der Oberfläche und sehen nur die äußere Hülle des Lebens. Jene tiefen Schichten der Existenz, wo die wirklichen Ereignisse und Änderungen vor sich gehen, sehen wir nicht.

Ein einziger schöner Gedanke, ein einziges frommes Gefühl oder ein gottgefälliges Streben können im Leben, ja im Kosmos eine größere Wandlung bewirken als gewaltige äußere Ereignisse, nur daß diese Wandlung für das äußere und äußerlich sehende Auge unsichtbar bleibt.

Als er ans Kreuz genagelt und von der Welt getötet wurde, schien es da nicht allen, die ihn umgaben, dieses Leiden sei nicht nur unverdient und ungeheuerlich, sondern auch sinnlos? Dabei hat doch gerade dieses Leiden die Welt errettet und ihr den endgültigen Sieg über den Tod gebracht.

Du schreibst, die körperlichen Qualen hätten deine Mama in einen einzigen, wahnsinnigen Schmerzensschrei verwandelt.

Entschuldige bitte, aber aus deinem Bericht erhielt ich einen anderen Eindruck. Sind ihre Worte des Leidens und des Schmerzes in den letzten Lebensstunden – „Mein Gott, welche Schmerzen!" – nicht gleichzeitig auch Worte des vollkommenen Glaubens, der Demut, der Geduld und der höchsten Stufe geistlichen Lebens? Erinnern wir uns wieder an ihn: auch sein Leiden am Kreuz drückte sich in dem Schrei aus: „Mein Gott! Mein Gott!" Und war dieser Schrei zum Tode nicht das lebendige Zeugnis seines vollkommenen Gottmenschentums?

Du fragst, ob es dereinst zu einer Begegnung mit der Entschlafenen kommen werde; Dein Herz, schreibst Du, zögere, sich ganz dem Trost des Glaubens hinzugeben. Ist es an uns, daran zu zweifeln? Die Erfahrung der Liebe, die ganze Erfahrung der Kirche seit Christi Auferstehung von den Toten ist ein sicheres Pfand unserer Hoffnung. Unzweifelhafter als unsere eigene Existenz ist jene zukünftige Begegnung, wo wir einander erkennen und lieben werden, wie es auf Erden unmöglich ist. Mehr noch. Jene Begegnung ist ja nicht nur unsere Hoffnung, sondern das eigentliche Ziel unseres Lebens. Jede unserer Gemütsregungen, jeder Gedanke, jedes Wünschen und Wollen wirken auf die unsichtbaren, großen Geheimnisse der Welt: Dadurch bringen sie den Zeitpunkt der Umwandlung, der Verklärung der Welt näher (oder rücken ihn im Gegenteil weiter weg). Und das Leiden selbst ist auch ein Beitrag, den wir zur schöpferischen Tat der Verklärung des Universums leisten können.

Ich weiß, wie unendlich schwer es für Dich ist, wie sehr Dein Herz blutet. Ich weiß auch, daß dieses Leid unausweichlich und unabwendbar ist. Wie gerne möchte ich, daß es der Verstorbenen auf ihren neuen Wegen im Jenseits eine Hilfe sei. Es helfe Dir der wohltätige Tröster. Verneige Dich an meiner Stelle vor dem lieben Grab bis zur Erde.

Nadwojzy, 22. Februar 1937

Ich bin die ganze Zeit müde und habe einen schweren Kopf. Kürzlich habe ich eine schriftliche Antwort auf meine mehrmaligen Anfragen zu meiner Haftzeit erhalten.

Auf den 1. 1. 36 hat man mir 2190 Tage angerechnet. Wenn alles gutgeht, werde ich wie angenommen ungefähr zu Ende 39 entlassen. Bis dahin geht's noch lange, aber wenigstens ist das ein Lichtstreifen. Helfe mir Gott, bis dahin zu kommen.

Nadwojzy, 7. April 1937
Christus ist auferstanden!
Vielleicht erreichen Euch diese Zeilen in der Osternacht. Mein Herz ist nicht bereit. Hast, Ermattung, seelische Finsternis, unüberwindliche Trauer über Vergangenes und Gegenwärtiges hinderten mich daran, es festtäglich zu schmücken. Doch ich glaube, daß er meiner gedenkt und mich in seiner Liebe aufhebt, auch wenn mein Herz finster und ohnmächtig ist. Ich weiß noch, wie er mich nach schweren Tagen in meiner Einzelzelle besuchte und tröstete.

Nadwojzy, 18. April 1937
Christus ist auferstanden!
Ich habe diese Tage in Schwermut, Verwirrung, Trauer und Sehnsucht verbracht, ohne mir nahestehende Menschen. Die Osternacht selbst habe ich ja nun schon zum neunten Mal nicht auf den Wellen der kirchlichen Schönheit, sondern vom Ufer aus erlebt. So viele, viele Menschen, die ich kannte, sind gestorben: Nie mehr werden sich unsere irdischen Wege kreuzen. Schließlich ist manches hier schwer zu ertragen, es gibt viel Lärm und leeres Treiben. Die Menschen in der Baracke, wo ich jetzt wohne, sind nicht böse, aber so laut.

Den Karsamstag erlebte ich in Unruhe. Als der Abend kam, fiel ein kalter Regen. Der dunkle Fluß war stellenweise noch mit aufbrechendem Eis bedeckt. Dahinter waren die schwarzen Umrisse des Waldes zu erkennen. In diesem feuchten Halbdunkel schritt ich im Lagerhof umher.

Nadwojzy, 29. Mai 1937
Ich verlasse Nadwojzy. Wohin es geht, weiß ich noch nicht. Werde euch bei erster Gelegenheit benachrichtigen.

Uroksa, 7. Juni 1937

Stell Dir den kristallklaren karelischen Sommer vor, wo der Tag und die Nacht sich zu einem ununterbrochenen Triumph des Lichts vereinen, eines Lichts, das einmal wärmt, beinahe brennt, und dann wieder abkühlt, aber nie verlöscht. Ringsumher erstreckt sich der Wyg-See, und dahinter sind Wälder. Ich bin auf einem kleinen Fleckchen Erde, der Insel Uroksa. Denke aber nicht, dieser finnische Name habe etwas mit dem russischen „Urka" (Dieb, Bandit) zu tun. Leute dieser Kategorie hat es hier nämlich überhaupt keine, sondern nur „Rechtsbrecher" meiner Art.

Ich bin bei den allgemeinen Arbeiten, das ist Holzverarbeitung und Stämme-Entrinden. Im Grunde ist das nicht schwer, physisch ertrage ich es durchaus, nur mit den Normen werde ich nicht fertig. Ich arbeite in Nachtschicht, komme morgens von der Arbeit zurück und lege mich draußen schlafen – das ist weit gesünder als in der Baracke. Es tut so gut, unter freiem Himmel zu schlafen und die Morgenfrische in vollen Zügen einzuatmen: eine richtige Idylle, ich habe diesbezüglich Glück und freue mich. Ich befürchte, daß es hier mit der Zustellung von Briefen und Paketen Probleme geben wird: bis zur Bahnstation sind es 18 Kilometer, 16 zu Fuß und 2 im Boot.

Uroksa, 14. Juni 1937

Es gibt jetzt keinen Zweifel mehr darüber, daß mir meine Haftzeit nicht seit dem Anfang angerechnet wird. Eine offizielle Bestätigung habe ich zwar noch nicht erhalten, aber wie gesagt, besteht kein Zweifel. So muß man das Datum meiner Entlassung auf den 10. November 1940 ansetzen (meine 40 Kiewer Gefängnistage sind mir ja noch nie angerechnet worden). Ich habe mich mit diesem Gedanken abgefunden, da ich auf diese Anrechnungsarithmetik nie besondere Hoffnungen gesetzt habe ...

Uroksa, 26. Juni 1937

Ich schreibe einige Stunden vor der Weiterfahrt. Morgen früh verlasse ich Uroksa – wohin geht es? Offenbar sehr weit weg, aus dem Gebiet des Weißmeerkanals hinaus. Unsere Gruppe ist ruhig; mit ihr ist angenehm zu reisen. Körperlich und seelisch fühle ich mich gut und rüstig. Alles überlasse ich seinem Willen.

Uros-See, 29. Juli 1937

Schon seit drei Tagen führe ich ein eigenartiges Biwakleben. Mein Uroksa habe ich verlassen und bin in eine Abteilung am Uros-See gekommen. Gestern waren wir den ganzen Tag unterwegs, heute gab es viel Aufregung mit weiteren Vorbereitungen. Ich rüste mich zu einer unendlich weiten Reise ans Ende der Welt ... Angesichts meiner physischen Schwäche bin ich jedoch mit einigen andern zusammen zurückgelassen worden und muß morgen nach Uroksa zurück. Um eine Reise komme ich wohl trotzdem nicht herum, nur wird sie wahrscheinlich nicht so lang sein.

Uroksa, 2. August 1937

Ich bin wieder in Uroksa. Die paar Tage meines Aufbruchs sind wie im Fluge vergangen. Die „Reise" ist nicht schlecht verlaufen. An einem schönen, sonnigen Tag setze ich mich – unbeschwert, da unser Gepäck transportiert wurde – in Richtung Uros-See in Bewegung, zuerst auf einem Boot und anschließend zu Fuß. Dann kamen der Abend und die Nacht, die wir in einer Bahnhofsstimmung in unsern Biwaks verbrachten, ungeduldig der weiteren Dinge harrend und uns inmitten zahlreicher Gerüchte zur Weiterreise bereit machend. Im Wort „Reise" steckt tatsächlich etwas Machtvolles und Mitreißendes (Anm. d. Ü.: Reminiszenz aus Gogols „Toten Seelen".) Auch wenn die Bedingungen so eigenartig sind wie etwa bei uns ...

Uroksa, 24. September 1937

Meine Baracke gleicht gar nicht dem Häuschen, in welchem Du mich besuchtest. Kannst Du Dir mein Leben vorstellen? Meine obere Pritsche, deren riesiger Vorteil der ist, daß ich allein bin, ohne Nachbar? Das laute Treiben in der Baracke mit seinen von Flüchen und menschlichem Leid gewürzten Spielen, wo hie und da die Schönheit einer Seele aufleuchtet? Kannst Du Dir meinen Morgen vorstellen, wenn ich auf das metallische Getöse des Stücks Eisenbahnschiene hin erwache, aus der Baracke trete und über den See hin in die Ferne blicke? Ob am Himmel bleiernes Halbdunkel hängt oder ob herbstliches Azur zum letzten Mal erstrahlt, wie der See beschaffen ist, ob er sich weiß kräuselt oder ob er, wie es bisweilen zu sein pflegt, glatt und durchsichtig ist: Davon hängt der ganze Tag ab. Die zehnstündige Arbeit ist erträglich, wenn der Himmel sanft ist und die Sonne scheint; bei kaltem Regen ist die Arbeit eine Qual, besonders natürlich, wenn man draußen ist und Kälte und Nässe durch die Stiefel bis zu den Händen dringen. – Abends nach der Arbeit ist Essen und Appell, in der Baracke ist Stimmengeschwirr, ich aber sitze ein Stündchen auf meiner oberen Pritsche, blättere in einem Buch und versuche mit meinen Gedanken und Erinnerungen allein zu sein.

Erst später, wenn die Baracke schläft, klettere ich von meinem „Hochsitz" herunter und schreite, fortwährend nachdenkend, umher. Nachts aber trete ich aus der Baracke und bewundere das flackernde Nordlicht. – Bin gesund und wohlauf.

Uroksa, 12. Oktober 1937

Bin gesund, wohlauf. Es gibt hier einige Veränderungen, doch gebe Gott ... ich schreibe später davon später ... vorläufig arbeite ich noch nicht.

28. Oktober 1937
Bin gesund und wohlauf. Bin noch keiner Arbeit zugeteilt. Seelisch bin ich ruhig. Mach Dir keine Sorgen, wenn die Briefe Verspätung haben.

10. November 1937
Mach Dir keine Sorgen, beunruhige Dich nicht, daß ich jetzt so selten schreibe. Ich bin gesund und wohlauf.

Vielleicht werde ich bald ausführlicher und häufiger schreiben.

- Im Dezember 1937 brach der Briefwechsel ab.
- Juli 1940: „Wegen eines erneut begangenen Verbrechens zu 10 Jahren strenger Isolation ohne Recht auf Briefwechsel verurteilt."
- 1943: gleiche Auskunft.
- August 1955: Aus Petrosawodsk trifft folgende amtliche Mitteilung ein: „Anatolij Jewgenjewitsch Schurakowskij ist im Spital des Petrosawodsker Gefängnisses am 10. Oktober 1939 an Tuberkulose, kompliziert durch eine Lungenentzündung, gestorben."

Sich von der Ewigkeit durchdringen lassen

Aus den Predigten
von Archimandrit Tawrion*

Archimandrit Tawrion, der am 13. August 1978 verstarb, war der Beichtvater des Verklärungsklosters in der Nähe von Riga. „Viele gingen zu ihm, vielen spendete er Trost, vielen half er – auch materiell – und viele sind jetzt, da er gestorben ist, verwaist", schreibt der Herausgeber der Predigten des Archimandriten und einiger Erinnerungen an ihn, Vater Dmitrij Dudko. Die folgenden Materialien „erschienen" in einer religiösen Samisdat-Zeitschrift. Leider enthalten sie keinerlei biographische Angaben.

Die Göttliche Liturgie beginnt mit den Worten: „Geschlachtet wird das Lamm Gottes, das hinwegnimmt die Sünden der Welt." Die Schlachtung des göttlichen Lammes ist unsere Wiedergeburt. Für unseren Nächsten tragen wir eine große Verantwortung; wir müssen auch für ihn etwas Großes darbringen, und es gibt keine wirkungsvollere Dankesbezeigung vor Gott als die Göttliche Liturgie. Sie ist Danksagung, in ihr sprechen wir Gott unseren Dank aus. Deshalb trägt sie nicht den Namen der Reue, sondern des Dankes, weil der Herr unsere Sünden auf sich genommen hat und das Lamm für uns geschlachtet worden ist. Dieses Lamm können wir nur betrachten, erleben und ihm danken: Es trägt die Sünden der ganzen Welt. Deshalb sind wir auch hier versammelt im liturgischen Gebet der Kirche, welches sehr viel vermag. Durch dieses Gebet lebt das ganze Universum. Und wenn dieses Gebet das All zu tragen ver-

---

* Aus „Nadjeschda" Nr. 4.

mag, wie leicht ist es für jeden von uns, seine Seele zu retten! Dabei stehen wir nicht als irgendwelche ärmliche, bedrückte Bittsteller hier. Nein: das Lamm wird für dich geschlachtet. Und es ist niemand geringerer als Gottes Sohn! In der Liturgie nehmen wir an einem feierlichen göttlichen Gastmahl teil, am Hochzeitsmahl von Gottes geliebtem Sohn. All dies geschieht, um uns würdig zu machen. Stellen wir uns vor, wie ein Mensch an ein Hochzeitsmahl geht, mit welcher Freude und mit welcher Zufriedenheit. Und seht auch, wie herrlich eine liebevoll dargebotene Speise ist. Hier nun speist uns der Herr durch sich selbst und bietet sich uns an. Deshalb werden gegen Ende der Liturgie, vor der Kommunion, die Worte an die zum Kelch Herzutretenden gerichtet: „Das Heilige den Heiligen!" Welch freudiger Ausruf! Die Heiligen werden aufgerufen, das Heilige zu empfangen. So ist es. Denn der Priester nimmt die Beichte ab und vergibt euch kraft der Gnade, die ihm geschenkt wurde, eure Sünden. Wenn ihr an diese Vergebung glaubt, seid ihr bereits Heilige. Deshalb ergeht der Ruf an Euch: „Das Heilige den Heiligen!"

Ihr seid alle aus verschiedenen Orten hergereist, jeder mit seinem Kummer. Ihr seht, der Mensch strebt nach Ruhe. Wir suchen die Ruhe und finden sie in unserem Glauben, in unserem Gebet, im Empfang der Sakramente. Auch Menschen, die weit abseits von der Kirche stehen, suchen ihre Ruhe dort, wo Stille herrscht. Unsere Lebensumstände sind der Suche nach Ruhe sehr förderlich. Schaut, die moderne Gesellschaft lebt in lärmigen Großstädten, und doch weilen die Menschen gerne irgendwo in der stillen, unberührten Natur. Was bedeutet das? Das bedeutet doch, daß die menschliche Seele nach ihrer unberührten Schönheit strebt, die ihrem Wesen entspricht. Die Religion, die Kirche Gottes und das Evangelium sind unberührte, wesensmäßige Schönheit. Die Seelen der Menschen werden alle durch das Evangelium offenbar. Es ist das Allerheiligste deiner Seele. Wenn du deine Seele spürst und in ihr eine Eigenschaft erkennst, die sie mit dem himmlischen Vater verbindet, wirst du das Evangelium verstehen. Ein Evangelium in den Händen zu halten ist ein seltenes Glück, offenbart es doch die Wahrheit. Es ist äußerlich unscheinbar und antwortet doch der ganzen Welt. Ein Wunder wie das Evangelium hat es auf Erden nie gegeben. Wie viele Staaten und Nationen sind entstanden und spurlos verschwunden, das Evangelium aber ist geblieben! Es predigt unter allen Völkern und in allen Sprachen. Und wenn ein Mensch die Wahrheit sucht, vertieft er sich in das Wort Gottes – nicht nur der Gläubige, nein, auch der Nichtglaubende. Weshalb? Weil das Evangelium nicht kennen heißt: völlig unwissend und analphabetisch zu sein. Auf der Welt gibt es viel Schönes und materiell und geistig Wertvolles – woher stammt es? Aus dem Evangelium. Kann also jemand, der die Technik oder die Wissenschaft, die Kunst oder die Literatur liebt, am Evangelium vorbeigehen? Nein.

Gottes Wort ist stets schön, es ist von besonderer Natur. Das Evangelium ist dem Verstand der Kinder am zugänglichsten, und deshalb sagte man früher, das Christentum sei die Religion der alten Frauen und der Kinder. Die Natur der Kinder faßt die Gesetze des Seins richtig auf; sie verstehen das Wort Gottes ganz unmittelbar und sinngemäß. Ihr Eltern, enthaltet es also euren Kindern nicht vor! Eure Aufgabe ist es, in ihnen Güte und Liebe zu säen. Kinder zu gebären ist eine Sache der Natur, sie zu erziehen ist Sache der Eltern. Erzieht eure Kinder! Sie haben ein Herz, einen Willen und Freiheit, und eure Aufgabe ist nicht leicht. Beleidigt sie nicht, ihr liebt sie ja und wollt von ihnen Trost und Freude erhalten, und dabei seid ihr vor ihnen verantwortlich. Wie ihr sie in ihrer frühesten Kindheit erzieht, so bleiben sie ihr ganzes Leben. Seht, welch gewaltige Pflicht euch obliegt. Die Umstände und die Erziehung können aus einem schönen Kind einen schlimmen und schrecklichen Übeltäter machen.

Unser Erlöser hat gesagt: „Ich bin die Tür zu den Schafen" (Joh 10, 7). Das will heißen, ins Leben eintreten könne man nur durch Christus, und wer nicht durch Christus, nicht durch seine Tür geht, ist ein Dieb und ein Räuber: „Wer nicht zur Tür hineingeht in den Schafstall, sondern steiget anderswo hinein, der ist ein Dieb und ein Räuber" (Joh 10, 1). Denkt darüber nach, versucht das zu verstehen. Wie gut und wie streng der Herr rügt. Seht, der Priester ist ein Dieb und ein Räuber, der Mönch ist ein Priester und ein Räuber, und ihr Eltern seid es auch, wenn wir unser Leben nicht nach dem Evangelium ausrichten und unsere Verantwortung vor ihm nicht wahrnehmen. So denkt denn, ihr Brüder und Schwestern in Christus, ganz ernsthaft über eure Liebe zum Evangelium nach. Habt ihr diese Liebe, wird sich euch auch das Allerheiligste eures Wesens offenbaren. Der Herr helfe euch!

Worauf hofft ihr? Was erwartet euch? Tatsächlich, was erwartet euch, solange es um euch herum Menschen gibt, die ohne Glauben an Gott leben? Seht euch ihr klägliches Leben an: Auf den ersten Blick geht ihnen alles leicht von der Hand, sie sind jung, gebildet und leben in guten Verhältnissen – aber wie leer ist ihr Leben! Es ist schrecklich, sie zu sehen, und doch: sie leben in Angst, und wir sind verantwortlich für sie. Seht ihr, was uns abverlangt wird? Wir haben nicht nur unseren Glauben zu bewahren, sondern wir müssen ihn den anderen auch zeigen. „Die Zeit ist gekommen, nicht mehr zu lehren, sondern zu zeigen." Jeder, der sich für einen Christen hält, denke über sich nach: Was tut er an diesem oder jenem Platz in der Gesellschaft für die Festigung des Glaubens? Wir sind in die Zeit der Apostel zurückversetzt, und die Apostel hatten ja nie eine andere Aussicht als die Leiden Christi. So endete denn ihr Leben auch in schweren Prüfungen, dem einen wurde der Kopf abgehauen, einen anderen kreuzigte man oder warf ihn den wilden Tieren zum Fraß vor. Und auch die ersten Christen lebten so und fürchteten sich vor dem nächsten Tag: Würde man sie vor die Tiere werfen, oder würde man ihnen die Kinder entreißen und diese zerfleischen lassen?

Über dreihundert Jahre mußten die Christen so leben. Was gab ihnen denn Halt, und was festigte ihren Glauben? Es war doch so, daß sie die Wahrheit kannten und die Notwendigkeit des Glaubens verspürten. So ist es auch heute: wenn ein Mensch die Notwendigkeit des Glaubens in sich trägt, wird er den Glauben finden und ihn behalten.

Doch unsere Welt ist so beschaffen, daß ein gläubiger Mensch beinahe als nicht normal gilt – wenn es nicht gelingt, ihn vom Glauben abzubringen, wird er in ein Irrenhaus gesteckt. Wie sollen wir uns verhalten? Beurteilt jetzt selber, wie wir die uns vom Herrn geschenkte Gnade hochschätzen müssen. Mit Hilfe der Liturgie – sie ist der Himmel auf Erden – und des Kelchs kann der Mensch seine Stille finden, seinen Glauben festigen und sich von der Ewigkeit durchdringen lassen. Diese Möglichkeit wahrzunehmen ist für uns wie für die anderen wichtig. Brüder und Schwestern! Heute kann jedermann lesen und schreiben – lest also das Wort Gottes; durch es wird Gottes Geist zu euch kommen, und ihr werdet gerettet werden, gemäß dem Wort der Kirche: „Jede Seele erhält ihre Lebenskraft vom Heiligen Geist." Bald wird das Mittpfingstfest [Mittwoch der 4. Woche nach Ostern] gefeiert, an welchem der Herr im Evangelium wunderbar vom lebendigen Wasser spricht: „Wer an mich glaubet, von des Leibe werden Ströme des lebendigen Wassers fließen" (Joh 7, 38). Er sagt das von den Gläubigen, die vom Heiligen Geist erfüllt waren. Wenn wir dieses Wasser in uns haben, werden wir gerettet und retten alle Menschen um uns herum. Der Herr helfe uns dabei!

Nachwort

von Lorenzo Amberg

Die Zeitschrift „Nadjeschda" trägt den Untertitel „Christliche Lektüre" und stellt damit den Bezug zu einer von der Petersburger Geistlichen Akademie in den Jahren 1821 bis 1917 herausgegebenen Monatszeitschrift dieses Namens her. 1978 führt Soja Krachmalnikowa in völlig veränderter gesellschaftlicher und geistiger Umgebung die Tradition der Herausgabe spiritueller Texte weiter. Eine solche Publikation hat heute in einem gewaltsam säkularisierten Staat die Funktion der verschiedensten theologischen und religiösen Genres zu übernehmen. Sie muß dort, wo religiöses Schrifttum kaum erscheinen darf und auch nicht zugänglich ist, Katechismus sein so gut wie Schriftauslegung, seelsorgerische Ermahnung und gleichzeitig Kommentar zu zeitgenössischen Kulturerscheinungen, sie bietet Zugang zu Texten der Kirchenväter ebenso wie Information über moderne Strömungen in der westlichen Theologie. Kurz, es ist eine breit angelegte christliche Bildungsarbeit, welche „Nadjeschda" seit nunmehr zehn Jahren vollbringt.

Mission – gemeint ist die innere Mission – das ist heute in der Sowjetunion auch und gerade Erinnerung, ist Widerstand gegen das Vergessen im weitesten Sinne. Die Texte, welche Tatjana Goritschewa aus dem umfangreichen Material der vierzehn „Nadjeschda"-Bände für den deutschsprachigen Leser ausgewählt hat, sind geistliche Zeugnisse aus der jüngsten Geschichte der Russisch-Orthodoxen Kirche. Zwei Bischöfe und zwei Priester schreiben aus Gefangenschaft und Verbannung an ihre Gemeinden, ihre geistlichen Kinder und ihre Familien.

Die Zeit, aus welcher diese Briefe stammen, reicht von 1917 bis zum Ende der dreißiger Jahre. Alle Glaubensgemeinschaften, besonders aber die Russisch-Orthodoxe Kirche, waren seit der Revolution einer konsequenten Verfolgung ausgesetzt. Nach der Schließung der theologischen Seminare und Akademien folgte 1922 der Aufruf der Regierung an die Kirche, sämtliche Wertgegenstände abzuliefern und deren Erlös den Hungernden des Wolgagebiets zukommen zu lassen. Die Weigerung der Kirchenführung und der Gläubigen, auch die liturgischen Geräte abzugeben, beantwortete die Staatsmacht mit Konfiskationen und Schauprozessen. Im selben Jahr spaltete sich die sogenannte „Lebendige Kirche" vom Patriarchat ab: Dieses vom Gemeindepriester Alexander Wwedenskij angeführte „linke Schisma" proklamierte eigenmächtig eine neue Kirchenverwaltung. Wie andere, analoge Bewegungen genoß sie die Unterstützung des Staates, dem jede Schwächung der Patriarchenkirche recht war, fand beim Klerus und besonders im Volk indes kaum Rückhalt. Benjamin, der Metropolit von Petrograd, welcher Wwedenskij exkommuniziert hatte, wurde unter falscher Anklage vor Gericht gestellt und zusammen mit drei Mitangeklagten 1922 hingerichtet. Ende 1923 waren bereits 66 Bischöfe und über 8000 Gemeindepriester, Mönche und Nonnen inhaftiert oder verschickt, meist weil sie der Patriarchenkirche treu geblieben waren. Diese Verfolgung sowie der Tod des Patriarchen Tichon 1925 führten zu einem allgemeinen Aufschwung der Frömmigkeit – so wurden nun etwa auch in Gemeindekirchen die Gottesdienste nach der Klosterregel abgehalten.

Verweser des Patriarchen wurde, da der von Tichon bezeichnete Nachfolger inhaftiert war, der bekannte Theologe Metropolit Sergij (Stragorodskij, 1867–1944). Mit dem Ziel, wenigstens die kirchliche Struktur und Organisation vor der Zerstörung zu retten, schrieb er 1927 eine Loyalitätserklärung an die Regierung. Durch seine konziliante Haltung glaubte der spätere Patriarch den Staat zu Konzessionen bewegen zu können. Obwohl viele Priester und

Gläubige diese Erklärung als einen zum Überleben der Kirche notwendigen Kompromiß akzeptierten, spalteten sich ein zweites Mal Teile der Geistlichkeit von der Patriarchenkirche ab. Es entstand – in verschiedenen Gruppierungen – das „rechte Schisma" derjenigen, die den Metropoliten Sergij des Verrats an der Kirche anklagten. Zu ihnen gehörte Bischof Seraphim (Swesdinskij) von Dmitrov, einer der Briefautoren des vorliegenden Bandes.

Ungeachtet der Erklärung Sergijs begann gleichzeitig mit der Kollektivierung der Landwirtschaft bereits 1929 eine neue Welle der Kirchenverfolgung. Ein speziell erlassenes Gesetz verstärkte die Kontrolle des Staates über die Kirchengemeinden und verbot ihnen insbesondere jegliche soziale, erzieherische und karitative Tätigkeit. Die Landpriester, deren bittere Armut schon vor der Revolution sprichwörtlich war, wurden als reiche Bauern (Kulaken) eingestuft, ihrer Bürgerrechte und – durch erdrückend hohe Spezialsteuern – ihrer Existenzgrundlage beraubt. Hunderte, ja Tausende von Kirchen wurden zerstört, Ikonen und gottesdienstliche Bücher verbrannt, Glocken eingeschmolzen. Nach einer gewissen Beruhigung in den Jahren 1934 und 1935 – manche Bischöfe und Priester wurden vorübergehend freigelassen – folgte ab 1936 eine weitere große Verfolgungswelle, die bis zum Kriegsausbruch 1941 anhielt und sämtliche kirchlichen Gruppierungen traf. Die über tausend Klostergemeinschaften, die vor 1917 bestanden hatten, waren nun aufgelöst, und für die 80 Millionen Gläubigen standen im ganzen Land nur noch wenige hundert Kirchen offen. Ein amerikanischer Kirchenhistoriker kommt aufgrund vorsichtiger Schätzungen zum Schluß, von der Revolution bis 1941 seien 80–85 Prozent der Geistlichkeit, also über 50000 Personen, hingerichtet oder inhaftiert worden (Dimitry Pospielovsky, The Russian Church under the Soviet Regime 1917–1982, New York 1984, Band 1, S. 177). Was die Bischöfe betrifft, umfaßt eine vor kurzem in Paris erschienene Zusammenstellung der in Gefangenschaft umgekommenen Hierarchen der

Russisch-Orthodoxen Kirche (ohne die Bischöfe des „linken Schismas") 272 Namen (Russkie pravoslavnye ierarchi. Ispovedniki i mučeniki. YMCA-Press, Paris 1986). Wenige Inhaftierte überlebten, so Bischof Afanasij (Sacharow, 1887–1962), welcher in seinem 68. Lebensjahr folgende Bilanz zog: „Am 27. Juni 1954 bin ich seit 33 Jahren Bischof. In dieser Zeit diente ich meiner Diözese 33 Monate. In Freiheit, aber ohne Amtsausübung, verbrachte ich 33 Monate, in der Verbannung 76 Monate, in Gefangenschaft und Zwangsarbeit 254 Monate" (a. a. O., S. 83).

Die Informationen, welche über die Autoren dieser Briefe und über deren Adressaten vorliegen, sind spärlich. Ebenso fragmentarisch sind die Angaben über genaue Haftgründe und -bedingungen, was sich aus Zensur- und Geheimhaltungsgründen erklären läßt, aber auch mit der Persönlichkeit der Autoren, welche über ihre Leidenserfahrung hinaus stets ihre Beziehung zu Gott und zur geliebten Gemeinde in den Vordergrund stellen. Wir haben es hier nicht mit einer dokumentarischen oder literarischen Bewältigung der Stalinschen Schreckensjahre zu tun wie etwa in Solschenizyns „Archipel Gulag" oder „Ein Tag im Leben des Iwan Denissowitsch", auch nicht mit jener erschütternden Unmittelbarkeit eines Warlam Schalamow in den „Erzählungen aus Kolyma".

Diesen eindringlichen Glaubenszeugnissen fehlt jede Entrüstung, jede Anklage und jede Rechtfertigung. Ihre Sprache greift immer wieder auf die Bilder und kirchenslawischen Wendungen der Hl. Schrift und des Gebets der Ostkirche, besonders der liturgischen Dichtung, zurück. Stille und Demut, aber auch Trauer über die Trennung von Kirche und Gemeinde sind die Kennzeichen dieser Briefe, deren Autoren nicht irgendein außergewöhnliches Schicksal ereilte, sondern die das Alltäglichste erfuhren, was einem Bekenner des christlichen Glaubens in den Jahren der Gewaltherrschaft widerfahren konnte. Obwohl die vier Glaubenszeugen, die hier zu Wort kommen, Menschen mit ihren Ängsten, Zweifeln und Anfechtungen sind, vermögen sie dem Tod und der Zerstörung, der Trennung und der Gefangenschaft letztlich zu widerstehen. Alle richten sie ihr Leben nach dem Jahreskreis der kirchlichen Festtage, nach der liturgischen Zeit, aus. Wir haben es hier mit Zeugnissen aus einer gleichsam apostolischen Epoche zu tun, und manches erinnert darin an die biblischen Episteln und an die Sendschreiben verfolgter Kirchenväter. Gleichzeitig stehen diese Texte in der spirituellen Tradition Rußlands mit ihren Schwerpunkten der Liturgie, der geistlichen Führung (Starzentum) und des immerwährenden Herzensgebets, einer Tradition, die durch die „Aufrichtigen Erzählungen eines russischen Pilgers" auch dem deutschsprachigen Leser vertraut ist.*

Ihre sparsame Darstellung der äußeren Wirklichkeit und ihre doppelte Verankerung in der Tradition des christlichen Schrifttums macht aus den hier vorgelegten Briefen mehr als Zeitdokumente – die sie durchaus auch sind –, nämlich einen Aufruf zur inneren, geistlichen Bewältigung von Isolation und Vereinzelung. Sie alle verbindet jener Segen, von welchem Dietrich Bonhoeffer im Juni 1944, Monate vor seiner Hinrichtung im KZ Flossenbürg, schrieb: „Die Antwort des Gerechten auf die Leiden, die ihm die Welt zufügt, heißt: segnen. Das war die Antwort Gottes auf die Welt, die Christus ans Kreuz schlug: Segen. Gott vergilt nicht Gleiches mit Gleichem, und so soll es auch der Gerechte nicht tun. Nicht verurteilen, nicht schelten, sondern segnen. Die Welt hätte keine Hoffnung, wenn dies nicht wäre" (Bonhoeffer-Auswahl, Band 4, München 1970, S. 174–175).

In der ersten dieser Briefsammlungen erleben wir mit, wie der spätere Bischof und Glaubenszeuge Seraphim sein Rüstzeug für die nahende Leidenszeit erwirbt: Wir sehen anhand der eindrücklichen Schilderung der Mönchsweihe, was es heißt, Abschied von der Welt zu nehmen. – In den

---

* Aufrichtige Erzählungen eines russischen Pilgers. Erste vollständige deutsche Ausgabe. Herausgegeben und eingeleitet von Emmanuel Jungclaussen. Herder 1985.

Briefen des unbekannten Priesters aus der Verbannung überrascht die Gewißheit über die Unausweichlichkeit des tragischen Schicksals, welches die früher so machtvolle und in manchem verweltlichte Russisch-Orthodoxe Kirche in unserem Jahrhundert ereilt hat. – Die Briefe des Bischofs German an Wera und Natalija wiederum sind Schreiben eines Vaters an seine geistlichen Töchter; sie geben Einblick in die Art, wie die geistliche Führung ausgeübt wird. Die Erfahrung der eigenen Isolation und Gefangenschaft gibt hier immer wieder Anlaß zu Überlegungen allgemeiner Art, besonders zur Frage nach dem Leiden. – In den Schreiben des Priesters Anatolij Schurakowskijs schließlich – auch er wurde als engagierter Gegner des Kurses von Metropolit Sergij verurteilt – begegnen wir allen physischen und spirituellen Gefahren, welchen ein Mensch in der Zwangsarbeit ausgesetzt sein kann, aber auch dem überwältigenden Eindruck der Natur des hohen Nordens Rußlands. Insofern sind diese Briefe wohl die „menschlichsten", die tragischsten unserer Sammlung.

Eingerahmt werden diese durch Zeugnisse aus unseren Tagen. Die novellenartige Reportage eines anonymen Moskauer Autors führt uns auf einer Reise zu einem längst entweihten Heiligtum Nordrußlands, dem Kloster des heiligen Nil von Sora. Die Zweckentfremdung des Gebäudes, seine Verwandlung in eine Irrenanstalt, ist symbolisch für die Verdrängung des Glaubens aus dem „normalen" öffentlichen Leben. Das Thema der Pathologisierung des Christentums begegnet uns wieder im letzten hier vorgelegten Text, einer Predigt des bekannten Starzen Tawrion (1898–1978): „Unsere Welt ist so beschaffen, daß ein gläubiger Mensch beinahe nicht als normal gilt – wenn es nicht gelingt, ihn vom Glauben abzubringen, wird er in ein Irrenhaus gesteckt."

„Nadjeschda" ist zwar in der Sowjetunion gesammelt und zusammengestellt worden – erschienen sind diese Sammelbände aber nur im Westen. Ob sich die seit kurzem begonnene Liberalisierung des geistigen Lebens in der Sowjetunion auch auf das Gebiet des Glaubens erstrecken wird und ob die Herausgabe religiöser Literatur, insbesondere auch kirchengeschichtlicher Dokumente, in absehbarer Zeit möglich sein wird, ist ungewiß. Vorläufig scheint die Hoffnung berechtigt, daß Menschen wie Soja Krachmalnikowa, welche durch ihren Kampf gegen Vergessen und Schweigen einen gewichtigen Beitrag zur Vergangenheitsbewältigung und damit zur Gesundung ihrer Gesellschaft leisten, fortan nicht mehr als Gegner des Staates bestraft werden, sondern daß ihnen dereinst der Dank und die verdiente Anerkennung offen zuteil werden wird, welche sie schon heute bei ihren Lesern genießen.

Das Zeugnis der Tatjana Goritschewa

Von Gott zu reden ist gefährlich
Meine Erfahrungen im Osten und im Westen

„Kaum ein Buch der letzten Jahre ist so erschütternd, herausfordernd und unruhig machend. Hinter dem Titel verbirgt sich ein elementarer Aufbruch des religiösen Geistes." (Rheinischer Merkur/Christ und Welt)

17. Auflage, 128 Seiten, Paperback. ISBN 3-451-20011-2

Die Kraft christlicher Torheit
Meine Erfahrungen

In den furchtlosen heiligen Narren Rußlands, ebenso aber in den Heiligen und Außenseitern, die hierzulande den Mut haben, an den Rändern zu leben, entdeckt Tatjana Goritschewa eine neue, tiefere Freiheit.

6. Auflage, 128 Seiten, Paperback. ISBN 3-451-20338-3

Hiobs Töchter

„Tatjana Goritschewa, Begründerin der ersten Frauenbewegung in der Sowjetunion, macht sich hier zum Sprachrohr der über viele Jahrzehnte ernicdrigten Frauenseele und findet im Christentum die eigentlich befreiende Kraft." (Bücherbord)

2. Auflage, 144 Seiten, Paperback. ISBN 3-451-21043-6

Unaufhörlich sucht der Mensch das Glück
Reisetagebuch

„Unaufhörlich sucht der russische Mensch das Glück – auch im Zeitalter von Glasnost und Perestroika. Tatjana Goritschewa sieht, daß der äußeren Umgestaltung und der Politisierung die Entwicklung des inneren Menschen entgegengestellt werden muß, sonst führt der ‚Umbau' der Gesellschaft zur Gleichgültigkeit, sonst wiederholen die Russen die Fehler des Westens." (Deutsche Tagespost)

176 Seiten, gebunden. ISBN 3-451-21406-7

Verlag Herder Freiburg · Basel · Wien

Packende Zeugnisbücher
aus der Reihe „Lebenszeichen"

Hanne Baar
Kommt, sagt es allen weiter
Eine Christin berichtet über charismatische Erfahrungen
Mit einem Nachwort von Karl Rahner
4. Auflage, 80 Seiten, Paperback. ISBN 3-451-19886-X

Aimé Duval
Warum war die Nacht so lang
Wie ich vom Alkohol loskam
6. Auflage, 160 Seiten, Paperback. ISBN 3-451-20213-1

Glauben Frauen anders?
Erfahrungen
Herausgegeben von Marianne Dirks
18 Frauen berichten über ihre Erfahrungen mit dem Glauben.
5. Auflage, 192 Seiten, Paperback. ISBN 3-451-19751-0

Das Judentum lebt – ich bin ihm begegnet
Erfahrungen von Christen
Herausgegeben von Rudolf Walter
Für eine gemeinsame Zukunft von Judentum und Christentum.
168 Seiten, Paperback. ISBN 3-451-20455-X

Ruth Pfau
Wenn du deine große Liebe triffst
Das Geheimnis meines Lebens
8. Auflage, 160 Seiten, Paperback. ISBN 3-451-20259-X

Verlag Herder Freiburg · Basel · Wien